Michael Seufert · Anne[illegible]ie Stoltenberg

Elbe, Alster, Jungfernstie[illegible]

Hamburger Landgänge

Herzlichst

Annemarie Stoltenberg

&

Michael Seufert

Michael Seufert
Annemarie Stoltenberg

Elbe, Alster, Jungfernstieg
Hamburger Landgänge

Picus Lesereisen

Picus Verlag Wien

Die Deutsche Bibliothek – CIP-Einheitsaufnahme

Seufert, Michael:
Elbe, Alster, Jungfernstieg : Hamburger Landgänge /
Michael Seufert ; Annemarie Stoltenberg. –
Wien : Picus-Verl., 2002
(Picus Lesereisen)
ISBN 3-85452-762-4

Grafische Gestaltung: Dorothea Löcker, Wien
Umschlagabbildung: © K. W. Hamann
Druck und Verarbeitung: Remaprint, Wien
ISBN 3-85452-762-4

Inhalt

Hanseatische Liebeserklärung

Ein Vorwort

»Aus Hamburg« – wer das auf die Frage nach der Herkunft antwortet, guckt in strahlende Gesichter: Aha, sagen dann Leute von Welt, Reeperbahn, St. Pauli, da sind die brausenden Geschichten aus den bunten, verruchten Restaurants und übel beleumundeten Nachtbars, in denen die gesamte Belegschaft und die Gäste singen, die kleine Blonde mit der Stimme aus Blech, die klingt wie Kindertrompete, Südamerikaner tanzen, Zwitter, Siamesen und vielleicht ein paar Somali, die aus Hagenbeck Vertreter entsandt haben. Damals, als auf dem Spielbudenplatz für zwanzig Pfennig die Pferde trabten und die Portiers die Gäste noch mit dem Versprechen anlockten, die Damen seien alle in Schwimmhosen. Wer aus Hamburg kommt, muss sich mit dem Klischee anfreunden, dass hier möglicherweise noch immer die Sailors durch die Stadt gehen, die vier Monate lang auf dem Meer mit dem Schiffszwieback und den Ratten und dem Kapitän allein waren, viele salzige Monate lang keine Frau mehr gesehen haben und nun auf der Reeperbahn nachts um halb eins alles nachholen und ihre Heuer auf den Kopp hauen wollen, ohne moraltriefendes Gewäsch, sondern da steht dann eine im Hauseingang und ruft: »Na Kleiner, dich kenn ich doch noch aus Honolulu!« Die Vorstellungskraft der Menschen ist zäh und romantisch.

Sie lockt nicht nur Touristen nach St. Pauli. Sie sitzt fest in den Köpfen. Als junge Reporterin sollte ich eine Geschichte schreiben über Seeleute, die in Hamburg Landgang machen. Ich besorgte mir Informationen über Schiffe, die im Hafen lagen, rief an Bord an, fuhr herum – kein Mensch unternahm noch so etwas wie Landgang. Aber wenn man jung ist, denkt man, es muss doch noch einen zweiten Weg ums Hirn herum geben und alles soll möglich sein. Auftrag ist Auftrag. Ich fuhr zu einem Schiff, das weitab im Hafen lag, dabei lernte ich, wie weit die Entfernungen dort sind, vor zwanzig Jahren, eine Tour hin für vierzig Mark. Ich ging eine ziemlich wenig Vertrauen erweckende Gangway hinauf auf ein griechisches Schiff, bekam Mokka und beschwatzte die Männer an Bord, mit mir einen Bummel an Land zu machen. Ohne Taxikosten. Sie kamen mit und sie kannten sich dann doch ein bisschen aus, ein Freund hatte ein griechisches Lokal auf St. Pauli, wir saßen die ganze Nacht dort, immer mal verschwand einer der Jungs, verhandelte auf der Straße mit einem der Mädchen und kam vergnügt und breit grinsend wieder, dann verschwand der nächste. Spät in der Nacht lernte ich noch, dass man beim Sirtaki immer denkt, es sei ganz leicht, bis die Musik so schnell wird, dass man sich in seinen Füßen verheddert und fallen würde, wenn da nicht lauter Arme sicher um die Schultern vertäut wären, auf der Reeperbahn rund um die Akropolis nachts um halb eins.

Hamburg, das ist für mich die schönste deutsche Stadt, und ich kann noch immer nicht an der Alster entlang fahren, ohne zu denken, wie unglaublich gut wir es hier haben. Hamburg, eine Stadt für Wasserfreunde, Segler und Ruderer, Stadt der kraftvollen Arbeit, Stadt auch für Liebende mit dem kleinen blaubraunen Meer in der Mitte (Ozean privat), morgens um halb fünf in der hellblauvioletten Stunde, wenn rund um die Alster noch alles schläft, aber man weiß, dass auf dem Großmarkt seit Stunden schon gepackt und beschafft wird, was Menschen in einer Millionenstadt pro Tag brauchen.

Die Sonne scheint hier auch im Sommer nur auf Abzahlung und nie ist es zu heiß, weil da immer ein frischer Wind vom Meer her weht. Und abends, wenn die große Stadt die Lichter anzündet, dann kann ich noch immer nicht an der Binnenalster entlang fahren, ohne zu denken, dass ich irgendwo in diesem brummenden Trubel in diesem Moment garantiert etwas Entscheidendes verpasse. Irgendwo hier tobt das Leben. Und ich kann noch immer nicht an der Elbchaussee entlang fahren, über den Hafen gucken mit den vielen Lichtern, ohne zu denken: wie Weihnachten. Hat sich mal wieder fein gemacht. Alle Lichter an. Und ich bin zu Hause.

Majestäten kommen am Dammtor an

Hamburgs schönster Bahnhof hat nur Vorzüge

Die schönsten Schienenkilometer der deutschen Bahn führen durch Hamburg. Die Strecke ist nur kurz, gut 1500 Meter, ein ICE erledigt die Distanz zwischen Haupt- und Dammtor-Bahnhof auch bei mäßigem Tempo in zweieinhalb Minuten. Aber was für ein Erlebnis jedes Mal. Kaum ist der Zug losgefahren und hat die hässlichen Hinterhöfe der Kunsthalle passiert, öffnet sich ein atemberaubendes Panorama – die Außenalster auf der rechten, die Binnenalster auf der linken Seite. Es ist Hamburg auf einen Blick – das blitzende Wasser, die Kandelaber der Lombardsbrücke, die Lindenreihen am Ballindamm und Neuen Jungfernstieg, sandsteingelb die Hapag-Lloyd-Hauptverwaltung, blendend weiß der Überseeclub und das Hotel Vier Jahreszeiten gegenüber, der Jungfernstieg mit Alsterhaus, Hamburger Hof und Alsterpavillon, alles überragt von den Türmen des Rathauses und der Altstadtkirchen. Zu jeder Jahreszeit, bei jedem Licht ein faszinierendes Bild.

Es würde mir nie in den Sinn kommen, am Hauptbahnhof auszusteigen. Von den schönsten 1,5 Kilometern kann ich nicht genug bekommen. Und dann, gleichsam als Zugabe, der Dammtor-Bahnhof – ein lichtes Juwel, kein Vergleich zu dem düsteren, massig-protzigen Hauptbahnhof. Wer hier den Zug verlässt, darf sich ein klein wenig majestätisch fühlen – schließlich wurde der Dammtor-Bahnhof 1901 als »Kaiser- und Fürstenbahnhof« geplant, als Empfangsplatz für Staatsoberhäupter, und am 20. Juni 1903 von Kaiser Wilhelm II. offiziell eingeweiht. »Sieht ja ganz nett aus«, lautete der flapsige Kommentar des Preußen. Die Bemerkung darf als Lob ausgelegt werden, denn bei der Planung des Hamburger Hauptbahnhofs hatte Majestät höchstpersönlich eingegriffen und für mehr Pomp am Bau gesorgt. Der »Kaiser-Bahnhof« blieb von solcher Fürsorge gottlob verschont.

Er ist ein Ort voller Vorteile. Man kann sich nicht verlaufen und keine Bahnsteige verwechseln, es gibt nur zwei – einen für die S-Bahnen und einen für die Fernzüge. Ob nach Berlin, München, Leipzig, Stuttgart, Prag, Düsseldorf, Frankfurt oder Paris – immer fährt der Zug von Gleis 4. Die Abteile sind hier noch übersichtlich besetzt, auch ohne Reservierung findet sich ein Fensterplatz. Vom Sessel im Speisewagen aus lässt sich noch vor dem Frühstück das Alster-Panorama genießen. Was für ein Start. Das große Drängeln beginnt erst am Hauptbahnhof.

Wer Freundin, Frau, Geliebte, Großmutter oder Erbonkel vom Zug abholt, sollte sie beschwören, den Alster-Blick mitzunehmen und bis zum Dammtor zu fahren. Hier kann man sich nämlich nicht verfehlen. Ohne Schubsen und Gechiebe erreicht man S- und U-Bahn, Busse und xis. Und niemand wird die Süchtigen und Drodealer vermissen, die den Gang aus dem tbahnhof zum Spießrutenlauf machen.

st wenn der Zug mal Verspätung hat, ist

es eine Lust, den Bau von innen als Meisterwerk der Ingenieurskunst zu studieren. Auf einem Foto von 1902 ist zu sehen, wie modern die Konstruktion ist – getragen wird die Halle nicht von Steinen, sondern von einem Skelett aus Stahlträgern. Vierzehn stählerne Binder überspannen die Gleise und unterteilen die Seitenwände in dreizehn Joche, der mittlere Abschnitt ist doppelt so breit wie die übrigen. Die Binder sind untereinander mit fachwerkähnlichen Streben verbunden. Das hölzerne Tonnendach wirkt leicht, fast schwerelos. Unterstrichen wird dieser Eindruck durch die hohen Sprossenfenster, die vom Bahnsteigniveau bis zum Dachansatz reichen. Bei Sonnenschein ist die Halle lichtdurchflutet und hat dann etwas Heiteres, Anmutiges.

In der Nacht vom 6. auf den 7. Juni 1903 wurde der Dammtor-Bahnhof an das vorhandene Gleisnetz angeschlossen. Ein Kraftakt, denn die normalen Gleise verliefen ebenerdig, die im Bahnhof quasi in der ersten Etage. Ab 21 Uhr war die bisherige Strecke unterbrochen. Die nächsten Stunden beschreibt der *Generalanzeiger für Altona* so: »Hell erleuchtet war der ganze Bahnhof, der einem Feenschloss glich, dessen Halle sich weit hinaus bemerkbar machte. Auf dem neuen Bahnkörper brannten sämtliche elektrischen Lampen, unten, wo die alte und neue Straße sich kreuzten, brannten auf dem ganzen Arbeitsfelde mit großen Flammen Fackeln, dazu goss der Mond sein magisches Licht auf die eigenartige Szenerie.« In nur achteinhalb Stunden wurde der Damm für die nördlichen Gleise aufgeschüttet. Während draußen hunderte Arbeiter schwitzten, feierten drinnen im nobel ausgestatteten Wartesaal erster Klasse 76 Herren die Fertigstellung des Baus. Die Senatoren William Henry O'Swald und Max Predöhl waren ebenso anwesend wie der Eisenbahnpräsident Friedrich Jungnickel. Der prophezeite, dass »das Herz Hamburgs mehr am Dammthor-Bahnhof hänge, als dies dem neuen Hauptbahnhof gegenüber der Fall sein werde«. Und der Konstrukteur der stählernen Halle, der Ingenieur von Borries, bekam an diesem Abend den »Roten Adler Orden«, das zweithöchste preußische Verdienstkreuz, verliehen. Bei Tagesanbruch waren die neuen Gleise verlegt und bei strahlendem Sonnenschein passierte um 5.37 Uhr der erste Zug den neuen Bahnhof. 1,12 Millionen Goldmark hat der 122 Meter lange, 35 Meter breite und 23,5 Meter hohe Jugendstilbau gekostet.

Wann immer nun ein Staatsgast in Hamburg anreiste, wurde er »mit großem Bahnhof« am Dammtor empfangen. Der erste ist am 28. Juni 1904 der britische König Eduard VII. Die Straße ist abgesperrt, eine Militärkapelle angetreten, eine offene Staatskarosse vorgefahren, Ulanen sind aufgezogen, die Notablen der Stadt mit Zylindern erschienen. Der König ist äußerst angetan von dem Neubau und glücklich, in Hamburg zu sein. Der Bahnhof hat seine Feuertaufe glänzend bestanden.

Nach dem Untergang des Kaiserreichs ist am 17. Juni 1929 der ägyptische König Faud I. der erste Monarch, der Hamburg wieder besucht. Die Fürstenzimmer des Dammtor-Bahnhofs, inzwischen als weitere Wartesäle genutzt, sind wieder prächtig hergerichtet, schwere Teppiche bedecken die Stufen, der Bahnsteig ist mit Fahnen und Blumen geschmückt. Bürgermeister Carl Petersen begrüßt den König. Der hochgewachsene Mann mit schwarzem Zwirbelbart und rotem Fes auf dem Kopf spricht perfekt Deutsch und stellt sich auf dem Bahnhofsvorplatz mit dem Gastgeber geduldig den Fotografen. Eine große Menge jubelt ihm zu. Der Bahnhof ist die perfekte Kulisse für einen Staatsempfang.

Im Dritten Reich lassen sich hier Adolf Hitler und der ungarische Diktator Miklós Horthy feiern. Nach dem Zweiten Weltkrieg heißt Hamburg Haile Selassi, den Kaiser von Äthiopien, am Dammtor willkommen, Königin Juliana der Niederlande und am 28. Mai 1965 die britische Königin Elizabeth II. Punkt 9.59 Uhr stoppt der Sonderzug. Die Queen erscheint im zweiteiligen marineblauen Mantel, einem zyklamroten Seidenkleid, mit Turbankappe und dreireihiger Perlenkette. Bürgermeister Paul Nevermann geleitet die Königin und den Herzog von Edinburgh unter Beifall zum bereitstehenden offenen Mercedes 600. Tausende haben sich auf dem Vorplatz versammelt. Das *Hamburger Abendblatt* hat eigens eine große Tribüne zimmern lassen. Als ein kleiner Junge »God save the Queen!« ruft, brechen Jubelstürme los. Die Polizei kann die Massen kaum bändigen.

Auch der König des Rock 'n' Roll, Bill Haley, hat spezielle Erinnerungen an den Dammtor-Bahnhof. Sein Konzert in der Ernst-Merck-Halle am 27. Oktober 1958 endet in einer Saalschlacht. Nach »Rock Around the Clock« flüchtet der King hinter die Bühne. Drei Hundertschaften der Polizei drängen die Randalierer aus der Halle. Die ziehen zum Dammtor-Bahnhof und besetzen ihn. Erst Stunden später und mit Hilfe von Tränengas kann die Polizei den Bahnhof räumen.

Staatsgäste sind schon lange nicht mehr hier angekommen. Denen wird jetzt am Flughafen Fuhlsbüttel der rote Teppich ausgerollt. Aber wer weiß. Der »Kaiser-Bahnhof« ist gerade für 21 Millionen Euro von Grund auf renoviert worden. Im Erdgeschoss verschwanden die gräulichen Einbauten, die alten Tonnengewölbe wurden freigelegt, die Arkaden wieder sichtbar, viel Licht fällt ins Innere. Ein rechtes Schmuckstück ist es geworden.

Nach langer Durststrecke hat auch ein Feinkostgeschäft wieder aufgemacht. Brügmann ist kein Laden, der nur Reiseproviant verkauft. Brügmann ist der Wohltäter so vieler Spätarbeiter, die sich hier mit Milch, Wurst, Käse, Brot, Gemüse und Zahnpasta eindecken; der Retter der Zerstreuten, die einfach vergessen haben, dass sie abends Gäste eingeladen haben und hier nun schnell ein kaltes Buffet zusammenkaufen; der Helfer der Liebenden in Hoch- und Notzeiten. Nach einem tränenreichen Abschied am Gleis 4 hält Brügmann bis Mitternacht eine tröstende Flasche Roten bereit. Und zur Begrüßung der Geliebten ist stets eine gut gekühlte Flasche Champagner zu haben.

Man kann einfach nur in Hamburg-Dammtor ankommen und abfahren.

»Beförderer vieler Lustbarkeiten«

Ein Loblied auf die Alster

Dämmertörn auf der Alster. Heute Abend hat sie ihren dicken Regenmantel übergeworfen und eine krisselige Gänsehaut auf der Oberfläche. Überhaupt sieht die Alster an keinem Tag gleich aus. Manchmal ist sie eine würdige Dame, die beim Rendezvous aus alter Gewohnheit ein bisschen Rouge auflegt, manchmal glitzert sie, manchmal ist sie spiegelglatt und jungfräulich. Heute ist sie grün und dampft ein bisschen. An schönen Tagen ächzt sie darunter, eine Vergnügungsfläche zu sein, dann könnte man sie zu Fuß überqueren, von Boot zu Boot. Die Fahrt durch die Alsterkanäle von Hamburg wird zum Gleiten durch Baumtunnel, die noblen Villen der Alsterblickbesitzer leuchten dazwischen.

»Der Elbe Schiffahrt macht uns reicher. Die Alster lehrt gesellig sein«, schrieb der Dichter Friedrich von Hagedorn in einer Zeit, als das Bürgertum just entdeckt hatte, dass man auch hienieden schon ein bisschen himmlisches Vergnügen erwarten sollte. Eine Alsterfahrt ist auch heute noch erste Besucherpflicht. Dabei kann man den Hamburgern von hinten durch den Garten in die guten Stuben gucken und auf romantischen Wasserstraßen mitten in der Stadt fahren. Hamburgs Schokoladenseite: die Alster.

Alsterdampfschifffahrt gibt es seit 1859. Man startete an einem Ort, den Heinrich Heine so beschreibt: »Für Leser, denen die Stadt Hamburg nicht bekannt ist – und es gibt deren vielleicht in China und Oberbayern –, für diese muss ich bemerken: dass der schönste Spaziergang der Söhne und Töchter Hammonias den rechtmäßigen Namen Jungfernstieg führt, dass er aus einer Lindenallee besteht, die auf der einen Seite von einer Reihe Häuser, auf der anderen Seite von einem großen Alsterbassin begrenzt wird, und dass vor letzterem, ins Wasser hineingebaut, zwei zeltartige lustige Kaffeehäuslein stehen, die man Pavillons nennt.«

Der Alsterpavillon hat seine eigene Geschichte und heißt zur Zeit Alex mit einer Art Ferienclubatmosphäre, wo man bereits im Eingangsbereich munter befragt wird, ob man heute schon »gealext« habe. Das erinnert schmerzlich an die Zeit, als die Speisewagen der Deutschen Bahn plötzlich alle in Orange gestaltet waren und Quickpick hießen, was jeden Menschen von Geschmack auf der Strecke Hamburg-Freiburg eher verdursten und verhungern ließ, als ein Eisenbahncoupé zu betreten, das sich Quickpick nannte. Nicht neu gestylt und designt werden konnte gottlob die Aussicht auf das Alsterbassin, von dem Heine spricht, selbst die letzte Geschmacksverirrung, die ungeheuerlich hässliche Kunst am Bau namens Tor zur Welt, jenes wunderliche blaue Baugerüst, das eine Zeit lang in der Sichtachse zur neuen Kunsthalle stand, ist wieder verschwunden. Das Alsterbassin fasst übrigens genau die Wassermenge, die in der Stadt pro Tag verbraucht wird. Davon wird noch die Rede sein.

1860 fanden täglich sechs Fahrten vom Jungfernstieg nach Winterhude und zurück statt. Die Dampfer legten in Winterhude etwa fünfzig Meter unterhalb der Brücke an. Eppendorf, das damals viel mehr Verkehr zur Stadt hatte als Winterhude, konnte keinen Dampferschiffsteg erhalten, denn an der einzig dafür geeigneten Stelle gab es zwar einen Landungsplatz, aber der wurde ständig gebraucht. Hier legten die Bauern, die Milch und Gemüse zur Stadt schafften, mit ihren Alsterkähnen an. Sie kehrten beim Küster, der eine Schankerlaubnis hatte, auf ein Getränk ein. Die Fahrgäste der Alsterdampfer fanden auf der Winterhuder Alsterseite in den ersten Jahren keinen Schutz vor Wind und Wetter. Das einzige Haus in der Nähe gehörte einem Kohlenhändler namens Jacobs. Erst ein paar Jahre später erteilte er die Erlaubnis »für die Betreibung einer feinen Wirtschaft«. Seither gibt es in Hamburg das Winterhuder Fährhaus, heute die Komödie im Winterhuder Fährhaus. Damals wusste man sich durchaus zu amüsieren, auf alten Bildern wirkt das Gelände wie die altmodisch verschnörkelte Version von Disneyland. Es gab einen Tanzsalon, Schaukeln, Karussells, eine Kegelbahn und Billardtische.

Lassen wir die Fahrt am Jungfernstieg gemächlich beginnen. Zuerst kommen die beiden Brücken. Die altehrwürdige Lombardsbrücke, ziemlich ernst und rußtonig in drei Bögen mit den historischen Lampen. Dahinter die Kennedybrücke. Blick auf die Innenstadt, das Rathaus und die Kirchtürme, wo sich abends die Lichter im Wasser spiegeln, in Perlmutt und Goldtönen, hübsch gerahmt durch die Brückenbögen vom

Boot aus zu betrachten. Auf der anderen Seite breitet sich seeartig die Außenalster aus. Mit den Parkanlagen auf der linken Uferseite vor Pöseldorf und Harvestehude. Bürgermeister Max Brauer hat die Gelegenheit der Stunde genutzt und nach dem Zweiten Weltkrieg beschlossen, das Gelände der Allgemeinheit für ihre Erholung zur Verfügung zu stellen.

In der Anfangszeit der Alstertouristik zwischen 1890 und 1914 kostete eine Tour zehn Pfennig, eine Nachtfahrt zwanzig. Die Besatzung bestand aus drei Personen, dem Führer, dem Steuermann und dem Maschinisten. Wir dürfen uns die Alsterfahrten damals keineswegs lieblich vorstellen. Der Alstersee war ungeheuer verdreckt, 1884 musste er ausgebaggert werden, von dem Flüsschen Osterbek, einem der Alsterzuflüsse, hieß es 1894, es rieche eigentümlich nach Hefenwasser, die Wasserfarbe wird als gelblich weiß und trüb beschrieben, die Eilbek als schwarz und schaumig, der Isebekkanal als übelriechender Graben, von pestilenzartigen Ausdünstungen ist die Rede. Der blaue Alsterfluss, von dem die Dichter schwärmen, ist Erfindung. Heute hat die Alster durch einige Milliarden, die die Stadtentwässerung in das Alsterentlastungsprojekt gesteckt hat, Badequalität. Die braune Farbe täuscht, es handelt sich um die natürliche Farbe von Moorwasser. Man könnte das Gewässer also zum Schwimmen freigeben. Das würde bedeuten, Tausende von Badetouristen kämen im Sommer mit ihrem Müll, ihren Flaschen, Eistüten, Bonbonpapieren, Windeln und allem, was der moderne Mensch so mit sich schleppt. Toilettenhäuschen, Kioske, Rettungsschwimmer und Umkleidekabinen wären nötig. Das ist keineswegs erwünscht. So bleibt die Alster den Anglern, Ruderern, Kanuten, Seglern und Alsterdampfern.

Gegen Ende des 17. Jahrhunderts setzte man sich in einen Kahn. Das Bürgertum begann just zu entdecken, dass es im Leben nicht nur Arbeit und Geldverdienen gibt, sondern auch Singen, Lieben und Trinken. Nicht länger galt das Diesseits als bloßer Schein, als Versuchung einer trügerischen Glücksgöttin und Fallstrick des Bösen wie noch im Barock. Die neu gewonnene Überzeugung war, dass das Wahre, Gute und Schöne, die Glückseligkeit, auf dem Wege der Vernunft erreichbar sei. Man begann das irdische Glück für möglich zu halten. Einer der ersten Sänger dieses neuen Lebensgefühls war der Hamburger Dichter Friedrich von Hagedorn, der die fröhlichen Bootspartien auf der Alster beschrieb: »Beförd'rer vieler Lustbarkeiten / Du angenehmer Alsterfluss / Du mehrest Hamburgs Seltenheiten / Und ihren fröhlichen Genuss / Dir schallen zur Ehre / Du spielende Flut / Die singenden Chöre / Der jauchzende Mut …«

Die erste Station einer Alsterkreuzfahrt heute ist der Steg vor dem Hotel Atlantic, danach geht es rüber zur Rabenstraße, zum wohl bürgerlichsten Teil der Freien und Hansestadt Hamburg. Im 13. Jahrhundert stand hier ein Zisterzienserinnenkloster, Herwardeshude, mit beträchtlichem Grundbesitz. Hamburgs reiche Bürger pflegten überzählige Töchter mit Schenkungen ausgestattet bei den geschäftstüchtigen Nonnen unterzubringen. Erst nach der Reformation, 1530, zogen erboste Bürger aus, das Kloster abzureißen. An seiner Stelle wurde als Beispiel gelungener Säkularisierung ein Gasthof errichtet, der sich schnell zu einem beliebten Ausflugsziel entwickelte. Bis zum 18. Jahrhundert gab es außer dieser Wirtschaft am Grindelhof allerdings so gut wie nichts zwischen Dammtor und Eppendorf. Bäume, Wiesen, Äcker und die holperige Rothenbaumchaussee. Nach der großen Pest wurden hier elftausend Tote beerdigt, immer noch kein begehrenswerter Wohnort. Erst 1866 änderte sich das. Ein Konsortium Hamburger Bürger erwirbt das Gut zwischen Grindel, Hallerstraße, Isebekkanal und Alster, teilt es in gleichförmige Parzellen auf und legt ein regelmäßiges Straßennetz an. Damit waren die Voraussetzungen geschaffen für das edle Wohnviertel, das es heute ist. Einmalig wohl in Deutschland: citynah, aber mit friedlich ruhigen Oasen und Gärten, als pflegte man das Landleben, sieben U-Bahn-Minuten vom Hauptbahnhof entfernt. Noch in den zwanziger und dreißiger Jahren war Harvestehude ein vorwiegend jüdisches Viertel. 1938 wechselten die meisten der wunderschönen Jugendstil- und Gründerzeitvillen die Eigentümer. Die vormaligen Besitzer und Bewohner wurden von Hitlers Schergen vertrieben, verfolgt und ermordet.

Heute haben viele Konsulate, Galerien, Antiquitätenläden und Nobelkneipen in den Altervillen ihr Domizil. In den Großbürgerwohnungen leben die, die Karriere gemacht haben in den Redaktionen der Medienstadt Hamburg, Schauspieler, Tennisstars, Schickeria und Modeszene, all jene, die immer ein wenig über ihre Verhältnisse zu leben scheinen. Allein die Monatsmieten übersteigen nicht selten um ein Drei- oder Vierfaches etwa das Einkommen eines Polizisten der Hansestadt. Aber in Harvestehude zu wohnen bedeutet in Hamburg nicht nur zu wohnen, sondern »eine Adresse zu haben«.

Die nächste Station des Alsterdampfers ist Mühlenkamp. Auf der Treppe und im Café sitzen fröhliche junge Leute. Ein vergnüglicher Ort ist das hier schon lange. In einem Wanderführer aus dem Jahr 1890 heißt es: »Mühlenkamp ist der größte Sommergarten für das anständige bürgerliche Publikum, welcher Volksbelustigungen aller Art bietet. Der große schattige Garten wird in der Woche sowie sonntags hauptsächlich von Familien besucht, welche ihren Kindern hier Belustigung verschaffen wollen. In der Woche ziehen die populären Konzerte, die Kegelbahnen, die vielen Turnapparate, die in Hamburger Mundart sprechenden Polichinells, die Schießbahn und sonntags die Tanzmusik in den weiten Sälen die Besucher, sowie die Rutschbahn namentlich das Damenpublikum an, auch ist für Velociped- und Eissport ein herrliches Terrain eingerichtet, also ein vielseitig lustiges Getriebe.« Auf einer historischen Postkarte ist das Gebäude mit Orchesterveranda und Gartenschenke zu sehen; mit dem Dampfboot in 25 Minuten von Hamburg aus zu erreichen. Ein Vergnügungspark, den der Lotterie-Collecteur Julius Gertig aufgebaut hat. Rund herum gab es damals sieben Hofstellen. Sonst nichts. Heute fahren wir von hier aus weiter durch den Goldbekkanal, vorbei an kleinen Bootswerften, Bürokomplexen und dem Gelände der ehemaligen Kampnagelfabrik. Auf der andern Seite liefern sich Kleingärtner Blumenprachtwettkämpfe: üppig überquellende Pflanzen in kleinen Steingärten angeordnet, mit der Nagelschere geschnittene Miniaturrasen und schmucke kleine Holzhäuschen. Wenig später biegt der Alsterdampfer zum Stadtparksee ab. Grüne Statuen, halb Jungfrauen, halb Rösser, bewachen das Schwimmbecken. Auf dem Rückweg fahren wir über Teiche und Kanäle, an den Feen- und Rondeelteich und an die hintere Seite von Leinpfad und Sierichstraße. Hier schippern die Badewannenkapitäne der Stadt am Wochenende auf großer Fahrt. Ihre Kähne sind ausgestattet mit Kofferradio, Sonnenschirm, Bierkasten und Picknickkorb. Er paddelt, sie ruht auf den Kissen und sonnt sich. Ruderboote, Kajaks und Kanus schlängeln sich aneinander vorbei. Es gilt die Straßenverkehrsordnung. Rechts vor links. Was man sich schimpfend und brüllend gegenseitig beizubringen versucht. Die Alsterdampfer haben Vorfahrt. Hagedorn beschrieb das Idyll: »Das Ufer ziert ein Gang von Linden / In dem wir holde Schöne seh'n / Die dort, wann Tag und Hitze schwinden / entzückend auf und niedergeh'n. / Kaum haben vorzeiten / Die Nymphen der Jagd / Dianen zur Seiten / So reizend gelacht.«

Sachte tuckernd geht es zurück zum Jungfernstieg und dahinter, an den Alsterarkaden vorbei, wo die eitlen Schwäne ihre schlanken Hälse beugen und sich auf den Fluten wiegen, geht es durch die Fleete Richtung Elbe. Zwei Schleusen gibt es auf dem Weg, zuerst die Rathausschleuse, dann die Schaartorschleuse mit dem Alsterpumpwerk, das gegebenenfalls dafür sorgen muss, dass der Wasserspiegel der Alster immer drei Meter über Normalnull gehalten wird. Übrigens auch, damit die Eichenpfähle, auf denen das Rathaus steht, nicht trocken fallen. Im Wasser halten sie Jahrhunderte, zöge man sie heraus, würden sie vermodern. Durch die Speicherstadt mit den schönen roten Backsteinbauten, in denen (noch) Teppiche, Kaffee, Tee und Gewürze lagern, führt die Reise in den Hafen. Die Alster – wir erinnern uns – lehrt gesellig sein, doch der Elbe Schifffahrt macht uns reicher: »Durch jene füllen sich die Speicher / Auf dieser schmeckt der fremde Wein«. So ist es.

Revision als Leckerbissen

Strafverteidiger Johann Schwenn ist Spezialist für vertrackte Fälle

Es gibt Damen der Hamburger Gesellschaft, die damit kokettieren, sie würden glatt einen Mord begehen, nur um einmal von ihm verteidigt zu werden. Dass die Sache dann mit einem Freispruch enden würde, sei ja klar. Das hält er natürlich für Party-Plappereien, aber ein bisschen schmeichelt es auch. Schließlich sehen viele in ihm einen Nothelfer, wenn die Justiz zugreift. Der *Spiegel* adelte ihn als »Kapazität bei Wirtschaftsstrafsachen«, das Prädikat »Staranwalt« taucht immer wieder auf. Er gilt als Spezialist für Revisionsverfahren. Chefärzte, Manager und Banker versichern sich seiner Dienste genauso wie prominente Schauspieler, Juristen, Geheimdienstler, Polizeibeamte oder Leute, die als mutmaßliche Mörder, Räuber, Rauschgifthändler und Betrüger in Untersuchungshaft sitzen.

Der Strafverteidiger Johann Schwenn ist zweifelsohne einer der Besten seiner Zunft. Einer, der sich mit Lust ins juristische Gefecht stürzt und schon so manchen Richter und Staatsanwalt durch seine scharfen Analysen und intime Kenntnis von Entscheidungen des Reichsgerichts und des Bundesgerichtshofs an den Rand der Verzweiflung brachte. Er formuliert das so: »Ich erhebe den Anspruch, das Richtige zu sagen. Mit meinen Argumenten erzeuge ich einen hohen

Nötigungsdruck, sich damit auseinander zu setzen und die Lücken in der eigenen Beweisführung zu erkennen.«

Er ist keiner, der sein Licht unter den Scheffel stellt. Dabei ist er keineswegs aufdringlich, im Gegenteil leise, höflich, ein wenig asketisch, diszipliniert. Er gibt zu, eitel zu sein und lacht über das Bekenntnis. Natürlich ist er auch stets tipptopp angezogen, Maßanzug mit Weste, weißes Hemd, dezente Krawatte, Taschenuhr an Silberkette, randlose Brille, die grauen, welligen Haare kurz geschnitten.

Er gehört zu den streitbaren Anwälten, die dafür sorgen, dass nicht mächtige Apparate den in Verdacht geratenen Bürger niederbügeln. Die mit sicherem Gespür Schwachstellen in festgefügten Anklageschriften herausfinden, die Ermittlungsfehler von Kriminalpolizei und Staatsanwälten ans Licht ziehen und die Strafprozessordnung als Handwerkszeug verstehen und als Waffe nutzen.

Schwenn ist Pragmatiker, kein Ideologe. Er verteidigt ehemalige RAF-Terroristen genauso wie einen Polizeidirektor angeklagt wegen Freiheitsberaubung. Er ist Nebenkläger in den spektakulären Prozessen gegen die Reemtsma-Entführer, verteidigt ehemalige DDR-Richter und -Staatsanwälte wegen des Vorwurfs der Rechtsbeugung und einen westdeutschen Richter wegen Unterschlagung. Er ist Anwalt von Peter Graf im Steuerstrafverfahren und verteidigt den wegen siebenfachen Mordes zu zwölf Jahren Freiheitsstrafe verurteilten ehemaligen SS-Untersturmführer Julius Viel in der Revision. »Man ist als Verteidiger nicht Anhänger, sondern Beistand der Mandanten«, erklärt der Jurist, der einst FDP-Mitglied war. »Ausgetreten bin ich, als Frei- und Christdemokraten versuchten, die Parteispenden-Verfahren durch Amnestie zu beenden.«

Schwenn, Jahrgang 1947, hat als kleiner Junge unter den Schreibtischen seiner Eltern angefangen zuzuhören: Seine Mutter war Strafrichterin am Amtsgericht Hamburg-Blankenese, der Vater Professor für Internationales Privatrecht in Berlin. Die Mutter nahm ihn als Drei-, Vierjährigen häufig mit zur Arbeit. Johann wurde dann in der Amtsstube der Gerichtswachtmeister abgeliefert. Ein spannender Platz. Gefangene wurden vorgeführt und bis Prozessbeginn in Zellen eingeschlossen, Gerichtsvollzieher lagerten gepfändete Sachen, Mieter protestierten lauthals gegen Räumungsurteile, ein Wachtmeister mit Erste-Hilfe-Ausbildung behandelte Nervenzusammenbrüche und Schürfwunden. Hier pulste das Leben. Für ihn stand fest, er wollte Wachtmeister werden.

»Blankenese war ja damals noch nicht so piekfein. Wir wohnten unten an der Elbe. Keine Reiche-Leute-Gegend.« In seiner Klasse in der Schule Kahlkamp saßen vierzig Kinder vom Hafenarbeiter aufwärts. »Ich muss heute als Verteidiger keinen gekünstelten Ton annehmen, wenn ich mit einem Mandanten ohne tolle Schulbildung zu tun habe«, sagt er.

Als Kind war Schwenn auf dem linken Auge fast blind und deshalb unfähig etwas zu fangen. Auch beim Fußball hatte der eher zarte Junge große Schwierigkeiten. »Ohne den Ansporn durch meinen älteren Vetter wäre ich ein Stubenhocker geworden. So musste ich mithalten, das hat mich fürs Leben geprägt.«

Als Schüler saß er oft in den Gerichtssälen bei der Mutter und noch lieber in Zivilsachen und Privatklagen. »Nachbarn, die sich Scheiße über den Zaun schmissen – das war wunderbar.« Unheimlich fand er die Fahndungsaufrufe und Mörder-Steckbriefe, die am schwarzen Brett hingen. Eine gruselige Lektüre. Auf die Idee, Jurist zu werden, ist er nicht gekommen. Eher Pastor, der Religionslehrer habe den Stoff zu spannend präsentiert. Ein Plan, der ihm später aber im Konfirmandenunterricht ausgetrieben worden sei.

Anders als seine Klassenkameraden interessierte er sich früh für Politik und Geschichte. Als Zehnjähriger las er den *Spiegel* und alle Zeitungen, die er in die Finger bekam. Der Vater war nur an den Wochenenden zu Hause, aber dann wurde diskutiert. »Die NS-Zeit war ein prägendes Thema.« Die Familie war selbst betroffen. Der Großvater, ein Zollbeamter, war von den Nazis in den Tod getrieben, die Witwenpension der Großmutter gestrichen worden. »Über die Nazi-Vergangenheit von Adenauers Staatssekretär Hans Globke und Vertriebenenminister Oberländer konnte ich mich erregen, meine Klassenkameraden haben darüber gelacht.« Man debattierte in der Familie die Wiederbewaffnung, den 17. Juni, den Ungarn-Aufstand, die Kuba-Krise.

Die Mutter förderte das Interesse ihres Sohns an der Juristerei trickreich. Wenn sie mittags in Meiers Sängerheim gingen, wo alle Gerichtsmenschen aßen, gab sie ihm Schriftsätze oder Urteile zu lesen. Etwa eine BGH-Entscheidung: Ein Lego-Konkurrent hatte die Bausteine kopiert, Lego auf Unterlassung geklagt. Die Frage war nun: Was ist die schützenswerte Idee von Lego, was ist das Einzigartige? »Mich hat fasziniert, wie präzise da gedacht und formuliert wurde.« Mit Begeisterung hörte er zu, als ein Freund der Eltern bei einem Besuch davon erzählte, dass er für den Rowohlt Verlag das Theaterstück »Der Stellvertreter« von Rolf Hochhuth begutachtet hätte und warum er zu dem Schluss gekommen sei, dass damit die Persönlichkeitsrechte von Papst Pius XII. nicht verletzt würden. Der Text erschien und wurde zum Politskandal.

Nach dem Abitur am humanistischen Gymnasium Christianeum begann er zunächst eine Banklehre und langweilte sich grässlich. Zum Ausgleich nahm er bei einem Schauspieler Sprechunterricht – Atemtechnik zu beherrschen, kann nie schaden. Nach sechs Monaten kam zu seiner Überraschung die Einberufung zur Bundeswehr. Schwenn kommentiert das heute in typischer Weise: »Ich hatte darauf gesetzt, niemals körperlich beansprucht zu werden.« Die Grundausbildung sei eine Schinderei gewesen. Danach wurde er zur Stabskompanie des Fernmeldebataillons 610 in Rendsburg versetzt, wo ihm die Verwaltung der Standortbibliothek übertragen wurde, inklusive Büchereinkauf. »Ich habe etwa ›Im Westen nichts Neues‹ von Erich Maria Remarque, Romane von Heinrich Mann, Arno Schmidt und den ›Steppenwolf‹ von Hermann Hesse beschafft. Ich fand, das sollte man gelesen haben.« Er hatte Erfolg, die Bücher wurden ausgeliehen.

Nach Bundeswehr und Banklehre begann er Jura zu studieren, zuerst in Tübingen dann in Hamburg. »Tübingen war eine künstliche Idylle, das Studentenleben dort hatte mit der Wirklichkeit nichts zu tun.« In den Semesterferien arbeitete er als Pflegehelfer in Haus 18 der Nervenklinik Ochsenzoll, dort, wo in Hamburg die Gewalttäter verwahrt werden. Er erlebte eine Atmosphäre von Kälte und Gefühllosigkeit, die ihn abstieß. Die Insassen seien eher wie Nummern denn als Menschen behandelt worden, nicht nur von abgestumpften Pflegern, sondern auch von ihren Anwälten. Nach dem Examen ging er als Referendar für ein Jahr in die JVA Fuhlsbüttel und dachte daran, Gefängnisdirektor zu werden. In seinem Abschlusszeugnis wird stehen »bei Gefangenen und Beamten gleichermaßen geachtet«. Aber er merkte schnell, wie wenig er den Behördenalltag ändern und beeinflussen konnte, wie getrickst und geschoben wurde.

Auf der letzten Station bei dem Hamburger Strafverteidiger Hajo Wandschneider, da hat es ihn dann gepackt. »Der hat mich völlig selbständig arbeiten lassen, mir Verantwortung übertragen, das war toll.« Sein erster Fall eine juristische Bagatelle, für den Betroffenen allerdings existenzbedrohend: Ein Delikatessenhändler, der gegen die Hackfleisch-Verordnung verstoßen und Mett vom Vortag verkauft haben sollte. Das Verfahren wurde eingestellt.

»Mir war schnell klar, das ist mein Beruf. Ein eindeutiges Ziel, nämlich jeweils das beste Ergebnis für den Mandanten herauszuholen.« Die Verteidigerarbeit hat für ihn etwas Sinnliches, was sonst nur künstlerische Berufe böten. »Es gibt Erfolg durch gute Arbeit, aber auch durch Glück. Misserfolge gibt es trotz sehr guter Leistung.« Erfolg ist für ihn, Chancen richtig einschätzen zu können. Als der ehemalige Spionagechef der DDR, Markus Wolf, sich dem Generalbundesanwalt in Karlsruhe stellte, war Schwenn an seiner Seite. Er prophezeite dem zuständigen Bundesanwalt, dass sein Mandant nicht mehr als zwei Jahre auf Bewährung zu erwarten habe. In der ersten Verhandlung bekam Wolf sechs Jahre wegen Landesverrats. Nach der Revision lautete das Urteil zwei Jahre auf Bewährung wegen Freiheitsberaubung in vier Fällen. In U-Haft saß Wolf nur eine Woche, dann hatte Schwenn Haftverschonung erstritten.

Im Kampf für seinen Mandanten scheute er sich nicht historische Vergleiche zu ziehen und wies darauf hin, dass Reinhard Gehlen, der Gründer des Bundesnachrichtendienstes, und sein Nachfolger Gerhard Wessel bis 1945 in »ein Unrechtssystem eingebunden waren«. Sie hätten nicht nur in Hitlers Geheimdienst »Fremde Heere Ost« gearbeitet, sondern auch engste Kontakte zum Reichssicherheitshauptamt und zur SS gehabt, ohne dass »ihre Eignung für das spätere Amt in Frage gestellt oder gar ihre Strafverfolgung in Betracht gezogen worden wäre«.

Es kommt ihm darauf an, Lösungen zu vermitteln. »Nach außen ist der Verteidiger ein Kämpfer, nach innen muss er dem Mandanten die rechtliche Lage erklären, die Chancen darstellen und dann glaubwürdig sagen können, besser wird es nicht.« Er empfiehlt etwa, ein Urteil anzunehmen oder einer Einstellung gegen Geldbuße zuzustimmen. »Denn eine Hauptverhandlung sollte man vermeiden, wo immer es geht.«

Es ist, so erzählt man sich, nicht nur eine reine Freude, Mandant bei ihm zu sein. Er verlange schonungslose Offenheit, damit im Verfahren keine Tretminen hochgehen können. »Der Anwalt muss die möglichen Gefahren genau kennen um sie einschätzen zu können.« Er ist ein Freund klarer Worte und hält es da mit seinem juristischen Ziehvater Wandschneider, der einmal einen Klienten anherrschte: »Wissen Sie eigentlich, wie Sie wirken?«

Wenn Schwenn überzeugt ist, dass jemand zu Unrecht vor Gericht gestellt wird, »wenn Tatsachen und strafrechtlicher Vorwurf auseinander klaffen«, dann muss er mächtig an sich halten. Er denkt dann immer wieder an einen Fall aus den siebziger Jahren. Ein Schlachtergeselle hatte im Streit seinen langjährigen Peiniger erwürgt. Als Mord angeklagt, war die Tat für Schwenn ein Totschlag im minderschweren Fall. Lebenslang oder dreieinhalb Jahre lautete die Alternative. Es sei eine unglaubliche Frechheit gewesen, wie der Staatsanwalt den etwas schwerfälligen Mann in die Ecke gedrängt habe. »Ich war wütend und hatte Mühe mich zu bremsen und sachlich zu plädieren.« Nach einem milden Urteil habe der Vorsitzende ihm im Vertrauen gesagt: »Ich hatte den Eindruck, Sie flanken gleich über die Barriere und würgen den Staatsanwalt.« Dem konnte er nur zustimmen.

Maßlos kann er sich auch über unerlaubte Ermittlungstricks erregen. Wenn die Kripo etwa einen Jugendlichen unter dem Vorwurf der Körperverletzung vernimmt und verschweigt, dass das Opfer gestorben ist. Während des Verhörs pöbelt der Junge über seinen Kontrahenten, die starken Sprüche werden feinsäuberlich protokolliert. Als er ganz zum Schluss vom Tod des Opfers erfährt, bricht er zusammen. Für Schwenn ist das eine Schweinerei, denn die Polizei muss dem Beschuldigten zuerst bekannt geben, weswegen ermittelt wird. Der hätte dann ganz anders reagiert und vielleicht einen Anwalt verlangt. Schweinerei würde Schwenn natürlich nie sagen. Er nennt es verbotene Ermittlungspraktiken, Verletzung des rechtlichen Gehörs und schreibt: »Es ist eines Rechtsstaates unwürdig mit solchen Methoden zu operieren.«

In einem Betrugsfall findet er es merkwürdig, dass die Aussage des inzwischen gestorbenen Hauptbelastungszeugen ohne jede Zwischenfrage der Polizei protokolliert wurde. Nach intensiver Befragung der Kripobeamten vor Gericht stellt sich heraus, dass bei der Vernehmung nicht nur der Zeuge, sondern auch dessen Tochter anwesend war, die durchaus eigene Interessen verfolgt. Ihr Name taucht aber im Protokoll nicht auf und es bleibt der Verdacht, dass sie die Aussage des Vaters wesentlich beeinflusst hat. Das belastende Dokument ist nunmehr wertlos.

Im Prozess sei man anders als bei ausgefeilten Schriftsätzen nicht stets Herr des Textes. Gerichtssaal bedeutet lebendiges Agieren, Zwischenrufe, dramatische Szenen. Im Prozess gegen einen Hamburger Partyveranstalter fühlt er sich vom Vorsitzenden in seinen Rechten eingeschränkt und angerempelt. Da holzt er dann zurück: »Geht es nicht noch ein bisschen befangener?« Er sucht solche Scharmützel nicht gerade, geht ihnen aber keinesfalls aus dem Weg.

Als Sternstunden empfindet er Prozesse, in denen er auf Gegner stößt, die er für ebenbürtig hält. Über den Bundesanwalt Joachim Lampe aus dem Wolf-Verfahren etwa redet er voller Hochachtung. Nach manchem heftigen Schlagabtausch vor dem OLG Düsseldorf mag das erstaunen. Der Jurist aus der ehemaligen DDR, sagt Schwenn, habe sicherlich eine Grundbefangenheit gegenüber der Stasi, aber »es zeichnet ihn eine Klarheit des Denkens aus und die Verlässlichkeit seiner Worte. Sein Verhalten im Prozess war fair. Ich würde mich freuen, ihn in einer Hauptverhandlung wieder zu treffen«.

Das allgemeine Klagelied über die deutsche Justiz mag er nicht anstimmen, er sieht sie überwiegend positiv. Gefahr für die liberale Rechtsprechung lauere im Verborgenen. So werde der Geldwäsche-Paragraf auf immer neue Straftatbestände ausgedehnt mit der Folge, dass die Vermögen der Beschuldigten blockiert werden können. Das gefährde viele Existenzen auf unerträgliche Weise. Dazu werde durch überlange Untersuchungshaft bedenklicher Druck ausgeübt. Angeklagte und Verteidiger stünden vor einer fatalen Wahl. »Entweder nimmt der Betroffene U-Haft und eine endlose, teure Hauptverhandlung mit ungewissem Ausgang in Kauf oder er akzeptiert einen Deal, der seinem Rechtsempfinden widerspricht.« Angeklagte könnten ein Urteil besser ertragen, dagegen könne man noch kämpfen, Berufung, Revision, Verfassungsbeschwerde. »Wenn sie aber einer Verfahrenseinstellung gegen Geldbuße zustimmen, haben sie hinterher das Gefühl, sich selbst verurteilt zu haben.« Selbst wenn damit der Eintrag ins Strafregister oder Disziplinarverfahren vermieden würden. »Ich habe nach solchen Kompromissen häufig keine fröhlichen Gesichter gesehen.«

Er brütet gerade wieder über einer Haftbeschwerde, wo er den Eindruck hat, dass der Mandant durch die Untersuchungshaft mürbe gemacht werden soll für einen Deal. Es fallen ihm Vokabeln wie Erpressung oder Rechtsbeugung ein. So plump wird er es natürlich nicht formulieren. Schließlich hat er einen ästhetischen Anspruch. »Meine Schriftsätze sollen mit Vergnügen gelesen werden.«

Juristen pflegen häufig ihren Narzissmus. Manche treibt er zu Höchstleistungen. Wie schön für die Mandanten.

Erst die Börse, dann die Kunst

Die Geschichte des Galeristen Thomas Levy

Es kommt durchaus vor, dass seine Woche so aussieht: Sonntagnachmittag Flug Hamburg-Porto, Ausstellungseröffnung. Porto-Hamburg am Montag, Katalog konzipieren, 128 Seiten, Bilder auswählen, Texte schreiben, mit dem Drucker feilschen, Abendessen mit Sponsoren. Dienstag bis zum Mittag entnervende Telefonate mit Zollbehörden und Finanzämtern, Weiterarbeit am Katalog, nachmittags Flug nach Genua, Treffen mit einem Kunden, der über ihn einen Paul Klee gut zu verkaufen hofft, am späten Abend Einladung bei Künstlern und Freunden. Mittwoch Rückflug nach Hamburg. Dabei genießt er die Ruhe, an Bord muss immerhin das Handy ausgeschaltet sein. Zu Hause im Büro Ausstellungen in Wien, Madrid, Buenos Aires und Regensburg vorbereiten. Donnerstag und Freitag ist er in Paris, Galeriebesuche und Gespräche mit Malern. Freitagabend holen ihn Ehefrau Traute, Sohn Alexander und Terrier-Mischling Poppy am Flughafen ab und fahren für eineinhalb Tage ins Wochenendhaus im Wendland, wo er gerne im Garten gräbt und puzzelt.

Thomas Levy, Jahrgang 1947, ist der Star unter Hamburgs Galeristen. Wenn er in sein Haus Magdalenenstraße 44 in Pöseldorf zur Vernissage bittet, kommt der Hanseaten-Adel. Er kennt sie alle, die Kaufleute, Banker, Politiker, Journalisten,

Schauspieler und TV-Leute. Er ist der Charming-Boy der Gesellschaft, kann amüsant plaudern und eisern schweigen, wenn es ums Geschäft geht.

Der Name Levy hat bei den alteingesessenen Familien einen guten Ruf, war doch Großvater Alexander Levy Privatbankier am Ballindamm. Eine erste Adresse im Börsenhandel. Das Geschäft betrieb er mit seinem Sohn Rudolf, der wegen Kinderlähmung an Krücken ging. Der Großvater war Jude, der Vater nach NS-Rassenideologie Halbjude. Kaum waren die Nazis an der Macht, wurden sie gezwungen ihre Bank zu verkaufen. Der Vater konnte seine guten Kunden bewegen, ihre Konten bei einem anderen Bankhaus aufzumachen. Dort konnte er sie inoffiziell weiter betreuen und so Geld verdienen. Mit Hilfe seiner Frau überstand er das blutrünstige Naziregime wie durch ein Wunder. Zahlreiche Verwandte wurden im KZ ermordet. Großvater Alexander gelang noch 1940 die Flucht über Holland nach Curaçao.

Gleich nach dem Krieg bekamen Rudolf und Martha Levy von den britischen Militärbehörden die Lizenz eine Bank zu gründen. Sie lebten 1945 in einer Dreizimmerwohnung in der Brahmsallee 12. Ein Zimmer war die Bank – zwei Schreibtische, zwei Fernschreiber, draußen an der Tür ein Messingschild. Es war ja keine Bank mit Kundenverkehr und Girokonten, sondern ein reines Brokergeschäft. Seine Mutter sei die erste Frau an der Hamburger Börse gewesen, sagt Thomas Levy. »Ich wurde quasi in der Bank geboren. Wie es sich gehört nach Börsenschluss um 14 Uhr.«

Sein Körbchen stand auf dem Schreibtisch neben den Tickern. Mutter Martha erzählte gern, dass Klein Thomas ein sehr ruhiges Kind gewesen sei und die Geschäfte nie gestört habe. Was sich Thomas Levy nun gar nicht vorstellen kann.

1947 kam auch Großvater Alexander wieder nach Hamburg zurück. Ein Patriot, der schon im Ersten Weltkrieg hochdekoriert fürs Vaterland gekämpft hatte, und nun trotz allem überzeugt war, Deutschland wieder aufbauen zu müssen. Als er so fünf oder sechs war, begleitete Enkel Thomas den Großvater in die Börse und war fasziniert, wen der alles kannte. »Er hätte mir später sehr helfen können, leider ist er zu früh gestorben.«

Als er sechzehn Jahre alt war, die Bank war längst zum Holzdamm gegenüber dem Hotel Atlantic umgezogen, übernahm der Teenager Thomas die Buchhaltung der Firma, damals noch in großen Journalen per Hand. Er ersetzte einen Angestellten, was ein Segen für das ergebnisschwache Institut war.

Zu der Zeit machte der junge Mann auch ein paar Reisen zum Freund der Familie Robert Altmann nach Paris. Ein kunstsinniger Mann, der zwischen Paris und Versailles auf dem Lande lebte und an der Seine alle Künstler kannte. Mit ihm besuchte Thomas die Ateliers von Man Ray, Sonia Delaunay und dem kubanischen Maler Wilfredo Lam. »Ich fand die Leute aufregend, obwohl ich kein Wort Französisch verstand. Mein Onkel hat mir alles übersetzt. Er hat meine Kunstleidenschaft geweckt.« Levy fing an, Kunst zu sammeln. Kleine Arbeiten von Fernand Léger und Max Ernst. »Fünfzig-Mark-weise habe ich die Blätter abgestottert.«

Auf dem Bismarck-Gymnasium war Thomas Levy ein Schüler der Extreme. »Bei mir gab es nur Eins oder Fünf.« Kunst, Musik, Biologie Eins, andere Naturwissenschaften Fünf. Es hing auch sehr von den Lehrern ab, ob er sich engagierte. Jedenfalls schmiss er die Abiturprüfung. Das Ausnahmeangebot, sie nachzuholen, lehnte er ab. Eine Entscheidung, die er heute nicht mehr so recht verstehen kann.

Also stieg er ohne Matura ins Bankgeschäft ein. Als 18-Jähriger brauchte er damals eine Sondergenehmigung für die Börse. Voll geschäftsfähig war man erst mit 21. Die Börse, was für eine Welt. Eine Kabine mit drei Telefonen und zwei Fernschreibern, überall verbunden, rausrennen in den Börsensaal, kaufen, verkaufen. »Ich habe mit Millionen gehandelt, ganze Unternehmen gekauft. Es war spannend.« Eine Lehre hat er nie gemacht, aber nach drei Jahren Praxis eine Prüfung.

In der Rückschau, sagt Levy, war es eine harte Zeit. Der Tag begann damit, dass er seinen Vater gewaschen und angezogen hat. Dann las er ihm die Zeitung vor und machte die Wohnung sauber. Tagsüber Bank und Börse. Abends um 19 Uhr ging er zum Schauspielunterricht. »Nicht, dass ich selbst auf der Bühne stehen wollte, das war mir schnell zu fad. Ich wollte Filmregisseur werden und etwas von der Materie verstehen.«

Mit einem behinderten Vater, den man sehr verehrt, Krach zu bekommen, ist schwer und schmerzlich zugleich. Greenhorn Thomas schlug vor, die Bank neu zu positionieren. Das Bankgeschäft sollte mit einer Vermögensverwaltung kombiniert werden. Damit könne man eine Menge Geld verdienen. Der Vater lehnte das Konzept als unseriös ab. Und der Sohn stieg aus.

Die Vereinsbank wollte ihn gern haben und malte ihm seine Aufstiegschancen aus. Mit vierzig sollte er im Vorstand sitzen. Ihn gruselte bei dem Gedanken. Da hat er lieber einen »Feuerwehr-Job« beim Bankhaus Wolff angenommen. Schließlich wurde ihm die Filiale im Hotel Interconti übertragen. Zu dieser Zeit war er sehr gefragt beim Synchronisieren von Filmen und häufig kamen Anrufe vom NDR, er solle doch mal eben zum Rothenbaum kommen und Texte sprechen. Seine schöne Bassstimme war begehrt. Die Bank erlaubte solche Ausflüge, die Filiale lief wie geschmiert.

Pariser Galeristenfreunde diskutierten zu der Zeit darüber, einen Kunstversandhandel zu gründen. Eine zündende Idee für Thomas Levy, er wollte die Werke in Hamburg präsentieren. Am 30. Oktober 1970 machte der 22-Jährige am Hofweg 59 seine »Artoma«-Galerie auf, der Name eine Mischung aus Art und Thomas. Damals entschied er sich für eine radikale Tat: Er hatte selbst gemalt, Aquarelle und Ölbilder, hatte alle Techniken gelernt, von Lithografie bis zur Radierung. Das ganze Œuvre vernichtete er nun. Nur im Nachlass der Mutter tauchen später ein paar Jugendsünden auf, unter anderem eine Nolde-Kopie, die heute in seinem Landhaus hängt. »Ich habe damals eingesehen, dass meine künstlerischen Talente begrenzt sind. Aber im

Umgang und in Gesprächen mit den Künstlern helfen mir meine Kenntnisse heute sehr.«

Die Mutter saß von 17 bis 18 Uhr in dem kleinen Laden, nach Bankschluss übernahm der Sohn von 18 bis 19.30 Uhr. Von Anfang an setzte er auf bekannte Namen, Paul Wunderlich, die Wiener fantastischen Realisten Arik Brauer und Ernst Fuchs, Uwe Bremer, Ali Schindehütte, Sonia Delaunay. »Ich habe damals tausend Mark im Monat übrig gehabt, die habe ich in Kunst investiert.« Den Durchbruch brachte eine Marketingidee: Vom 15. März bis zum 30. April 1972 »Dalí-Discount«, Grafiken von Salvador Dalí zu Sonderpreisen. In Frankreich waren Dalí-Blätter damals erheblich billiger als in Deutschland. Jetzt war er jemand. Der Pöseldorf-Erfinder Eduard Brinkama wollte ihn in seinem Viertel haben. Im Oktober eröffnete die Galerie Levy in der noblen Magdalenenstraße 26. Das Geschäft boomte.

Fünf Jahre später kaufte Levy das rote Backsteinhaus Testorpfstraße 18. Dort stellte er 1980 Skulpturen von Henry Moore aus. Viele davon öffentlich auf der nahen Moorweide. Die Amateurfußballer des *stern*, die jeden Freitagnachmittag hier kickten, tauften den Platz in »Henry Moore Stadion« um. Levy machte Schlagzeilen, als der Hamburger Senat eine »Liegende« von Moore für dreihunderttausend Euro ankaufte.

Levys Ausstellungseröffnungen waren inzwischen zu gesellschaftlichen Ereignissen geworden. Bonner Prominenz erschien. Mit seiner Frau Traute empfing Levy Bundespräsident Walter Scheel mit Ehefrau Mildred, Innenminister Gerhard Baum. Die Medienlegenden Henri Nannen und

Rudolf Augstein kamen, Bürgermeister Klaus Dohnanyi, der Schriftsteller Fritz J. Raddatz.

»Die Galerie ist ein Umschlagplatz und kein Museum«, ist sein Credo. »Der Galerist ist ein Händler und muss deshalb ein guter Kaufmann sein.« Immer auf der Suche nach Neuem brach er gemeinsam mit *stern*-Gründer Henri Nannen, für dessen damals geplante Kunsthalle in Emden er zuvor erfolgreich Expressionisten aufgespürt hatte, in die Sowjetunion auf. In Moskau suchten sie die junge Garde russischer Maler. »Nannen mit seinen hervorragenden Beziehungen war ein Türöffner ohnegleichen. Wir sind aufgenommen worden wie die Fürsten.«

Die Ausstellung »Russische Malerei heute« im Mai 1982 erregte europaweit Aufsehen und war Basis für langjährige Geschäftsbeziehungen mit Moskau. Mit Nannen wurde er vom deutschen Botschafter empfangen, die Russen luden ihn auf ihre Datschen ein. Eine beispiellose Gastfreundschaft, die ihm im Laufe der Zeit fast unheimlich wurde. Einen Leningrad-Besuch bricht er kurzerhand ab.

Alte Geschichten. Thomas Levy lehnt sich in seinem Sessel zurück und lächelt. In seinem Büro im dritten Stock der Galerie herrscht ein kreatives Chaos. Überall Bücherstapel, Kataloge, Manuskripte, Fotos. Bilder stehen an der Wand und an einem großen Tisch. Am Bücherschrank hinter dem Schreibtisch lehnt eine große weiße Pappe mit 24 sauber aufgemalten Spalten für 24 Künstler. Horizontal hat er 36 Striche für 36 Monate gezogen. Drei Jahre auf einen Blick. Seine Ausstellungsplanung.

»Ich bin Macher und Makler«, sagt er. Bei ihm kann man komplette Ausstellungen buchen, inklusive der Kataloge und dazugehörigen Publikationen. Seine Sammlung, Bilder und Plastiken, und die Werke der Künstler, die er vertritt, hat er im Computer erfasst. Er weiß auf Knopfdruck, wo die Sachen sind, bei wem er fehlende Stücke besorgen oder leihen kann. Museen und Galerien, die keine teuren Planungsstäbe haben, gehören genauso zu seinen Kunden wie Banken und Versicherungen. Bis zu achtzig Ausstellungen organisiert er jedes Jahr.

Dabei kommt ihm zugute, dass er Englisch, Französisch, Spanisch und Italienisch spricht. »Als Schüler hatte ich große Schwierigkeiten mit Fremdsprachen, ich war einfach zu schüchtern. Gelernt habe ich aus der Situation heraus. Auf der Kunstmesse in Madrid habe ich mich zuerst mit Englisch durchgeschlagen, dann mit Händen und Füßen auf Spanisch. Ich mache noch heute viele Fehler, aber die Leute verstehen mich.« Er lacht. Schüchtern ist er nicht mehr.

Früher sei es sein Traum gewesen jeweils drei Monate in Hamburg, New York, Paris und in der Toskana zu leben. »New York hatte ich schon lange vor dem grausamen Attentat auf das World-Trade-Center aufgegeben. Ich bin einfach zu europäisch.« Heute träumt er manchmal davon, in einem alten Herrenhaus auf dem Land Ausstellungen zu organisieren, mit angeschlossener Gastronomie, Hotelbetrieb und Unterhaltung für die Kinder. Viel spreche dagegen, aber überlegen könne man ja mal, sagt Thomas Levy und lacht.

Hinter ihm an der Scheibe seines Bücherschranks ist eine Postkarte mit einem Satz des Pariser Malers Francis Picabia geklemmt: »Unser Kopf ist rund, damit das Denken die Richtung wechseln kann.«

Die Schnapsidee der Patriziersöhne

Der »Hamburger und Germania Ruder Club« von 1836

Alles begann an einem schönen Junitag 1836. Zehn junge Hamburger Kaufmannssöhne saßen zusammen, rauchten, tranken, redeten und plötzlich war die Idee geboren. Cesar Godeffroy, Spross einer weltweit agierenden hanseatischen Reeder-Dynastie, verkündete: »Gentlemen! Wir wollen rudern. Natürlich im Sportboot und in Uniform wie die Engländer. In meiner Lehrzeit in London habe ich es auf der Themse gesehen, die Wettfahrten sahen glänzend aus. Das können wir in Hamburg auch. Wir gründen einen ›Hamburger Ruder Club‹ und fahren auf der Butenalster mit den Briten um die Wette.«

Große Begeisterung. Ein Boot, eine Sechser-Gig aus zweiter Hand, ist in London rasch zu besorgen. Und englische Kaufmannskollegen machten es ja schon auf der Alster vor, wie schön Rudern ist. Der 23-jährige Cesar Godeffroy griff zu Papier und Feder: »Unterzeichnete vereinigen sich zu einem Ruder-Clupp; die Sousscription ist auf vier Louisdor gesetzt, und müssten die näheren Bedingungen wegen Boot, Kleidung, Name des Clupps etc. in einer nächstens zu haltenden Versammlung bestimmt werden.«

Es unterschrieben zehn junge Herren aus den besten Familien. Am 25. Juni war das Rennboot da und wurde an der Alster vertäut. Für den 18. Juli war eine gemeinsame Ausfahrt mit dem

»Union Boat Club« geplant. Die Presse hatte längst Wind bekommen von diesem neumodischen Kram. Der *Hamburger Beobachter* veröffentlichte zwei Tage vor dem Start einen flammenden Kommentar: »Englisch ist halt englisch! Und bekanntlich ist Hamburg lange schon Klein-London. Wir werden immer englischer, denn nicht allein sind einige junge Herren rüstige Pferdebändiger, gewandte Kutscher, sondern wir werden auch nächstens eine *rowing-match* (Ruderwettfahrt) auf der Alster haben, zu welcher die Vorübungen fleißig gemacht werden. So sehr man diesen Körperübungen auch Beifall schenken muss, so sehr ist es zu bedauern, dass trotz der geschickten Schiffsbauer, welche wir besitzen, die Böte in England und nicht in Hamburg gezimmert werden. Ist das patriotisch? Nein, es ist Mode!«

Die Ruderenthusiasten ließen sich von solch kleinkarierter Kritik nicht bremsen. In fescher Uniform bestieg die Mannschaft ihr Boot: weiße Hosen, rot-weiß-gestreifte Hemden, schwarze Halsbinden, blaue Mützen, an denen weiß-rot-gewürfelte Bänder flatterten. Gemeinsam mit den Freunden vom »Union Boat Club« legte man ab. Es regnete Bindfäden. Als sie die Lombardsbrücke erreichten, waren alle klatschnass und beschlossen die Fahrt abzubrechen. Wenig später traf man sich in trockenen Gewändern im Hotel Alt Stadt London, wo die Briten zu Ehren der Hamburger ein Festmenü auffahren ließen und mit Bier und Wein auf ein langes Leben des Clubs anstießen. Der Segen des Senats ließ nicht lange auf sich warten.

Die guten Wünsche haben geholfen. Seit langem mit dem »Germania Ruder Club« von 1853 vereint, ist der »Hamburger und Germania Ruder Club« höchst lebendig. Im Clubhaus am Alsterufer 21 ist man nicht wenig stolz darauf, der zweitälteste Ruderclub der Welt zu sein. Nur »Leander« im englischen Henley wurde schon 1818 gegründet.

Der Club gehört zu Hamburg wie der Michel, die Elbe und die Alster. Tradition wird hier hochgehalten. Die Sitzungen des Vorstands beispielsweise beginnen stets pünktlich um 18.36 Uhr. Das alljährliche »Curry-Essen«, ein Herrenabend im Herbst, bei dem Ruder-Jubilare geehrt werden, gehört genauso zur Tradition wie die »Siegesfeier« im November und der »Weihnachts-Sherry«, den ein Club-Senior stiftete, um überbordenden Familienfeiern wenigstens am 26. Dezember für ein paar Stunden entfliehen zu können.

Auch Skurrilitäten haben im Club lange Tradition. Ein schönes Beispiel sind »die Würstchen«, eine inzwischen ergraute, aber höchst vitale Truppe. 1951 waren neun ehemalige Schulfreunde aus dem Wilhelmgymnasium eines Tages mit Topf und Tauchsieder, Eiern, einer Dose Würstchen, Brot und Senf ins untere Bootshaus eingezogen, weil es noch keine Gastronomie gab. Die Freunde trafen sich fortan mittwochs zum Rudern und Wurstessen. Man veranstaltete Wettbewerbe auf dem Wasser und am Kochtopf. »Würstchen« Gottfried Günther wird mit 32 verzehrten großen Knackwürsten bis heute als ungeschlagener Champion geführt. Der

Kreis der »Würstchen« wurde größer und einflussreicher, man gab überall seinen Senf dazu, profilierte sich als großzügiger Spender und achtete auf die Tradition.

Natürlich hat der Club strenge Kleidervorschriften für den Ruderbetrieb (weißes Club-Hemd oder -Sweatshirt mit schwarzem Adler auf rotem Grund, schwarze Ruderhose mit rotem Generalsstreifen) und für offizielle Anlässe (dunkelblauer Blazer, dunkelblau-weinrot-gestreifte oder dunkelblaue Krawatte mit Club-Adler).

Die Morgenruderer, die das ganze Jahr über dienstags um 6.30 Uhr in die Boote steigen, treffen sich wie weiland Godeffroy & Co. im Alsterpavillon zum gemeinsamen Frühstück im ersten Stock des Clubhauses, von wo aus man den schönsten Blick über die Alster hat, und brechen danach gestärkt und erfrischt ins Kontor, Pardon, ins Büro auf. Frauen wird man in den Club-Booten vergebens suchen, auch eine Tradition.

Laut Satzung bezweckt der Club »die körperliche Ertüchtigung seiner Mitglieder durch die planmäßige Pflege der Leibesübung, insbesondere des Rudersports«. Das Rennrudern stand schon im ersten Jahr auf dem Programm. Sommer und Herbst hindurch hatte man eifrig trainiert. Am 2. November 1836 traten sie gegen die Briten an. Zehn Louisdor Preisgeld waren ausgesetzt, der Verlierer hatte außerdem den Festschmaus im Restaurant Marcilly zu bezahlen. Die Hamburger mussten tief in die Tasche greifen. So ging es drei Jahre lang, erst 1839 glückte die Revanche mit dem Zweier »Mathilde«.

1844 fand auf der Alster die erste große Regatta in Deutschland statt. Am Uhlenhorster Fährhaus waren Tribünen gezimmert worden, Fahnen flatterten, ein vier Kilometer langer Dreieckskurs war abgesteckt, mehrere tausend Zuschauer hatten sich versammelt. Nach einem packenden Rennen gewann der Sechser der Hamburger mit zwei Längen Vorsprung. Großer Jubel. Eine neue Tradition war begründet, aus der Regattaleitung entstand der »Allgemeine Alsterclub«. Der veranstaltete nun jährlich die Hamburger Alsterregatta, der bedeutendste und damals weltweit bestbesuchte Ruderwettkampf und die inoffizielle Deutsche Meisterschaft.

Die »Germanen« beherrschten jahrelang die Szene und gelangten sogar zu Weltruhm. Der Vater des Erfolgs war der Londoner Ruderlehrer Frank S. Gulston, der die Clubmitglieder 22 Jahre lang trainierte. Der seine Schützlinge beharrlich ausbildete und Mannschaften formte, die dank ihrer ausgefeilten Technik die Gegner verzweifeln ließen. Mit einem Achter und einem Vierer reiste Trainer Gulston 1900 nach Paris zu den zweiten Olympischen Spielen, die zeitgleich mit der Weltausstellung stattfanden. Der hochgelobte Achter scheiterte, aber der Vierer mit Oscar und Gustav Gossler, Walther Katzenstein, Waldemar Tietgens und Steuermann Carl Gossler siegte im Finale souverän. Als Preis gab es damals noch keine Goldmedaille, sondern einen bronzenen Hirschen.

68 Jahre später war wieder ein Hamburger zu feiern. Dr. Horst Meyer saß als Schlagmann im Deutschland-Achter, der unter extremen Bedingungen in der Höhenluft von Mexiko Gold ge-

wann. Davor und danach verzeichnen die Club-Annalen deutsche Meisterschaften, Hammonia-Preise, Siege im Senats-Achter, Kaiser-Vierer, Rhein-Pokale und Medaillen bei der Junioren-Weltmeisterschaft.

Die schönsten Pokale sind in den Vitrinen der Club-Bar zu besichtigen. Eine Einrichtung übrigens, die ebenfalls den Briten zu verdanken ist. Nach der Kapitulation 1945 wurde die Alster für die Deutschen gesperrt, das Bootshaus requiriert, der Union-Jack gehisst. Der »Allied Services Sailing and Rowing Club« zog ein und blieb bis 1952. Als die Engländer auszogen, ließen sie den Tresen zurück, an dem seither Siege begossen und Niederlagen gedämpft wurden.

Ein ganz spezieller Sieg ist in der Clubgeschichte unter der Jahreszahl 1943 vermerkt: »Einziger Damensieg, Kriegsregatta Bremen, Damen-Jungmann-Einer, Frl. Messtorf.« Es existiert sogar ein Foto, das sieben Mädchen im Club-Dress zeigt, die ein Boot ins Wasser tragen. Ein heißes Eisen in dem Herrenclub. Man rührt nicht daran. Der Club ist traditionell eine frauenfreie Zone, zumindest, was das Rudern angeht. 1948 hatten hochangesehene und verdiente Clubobere die Revolution geplant, doch ihr Antrag auf Satzungsänderung wurde abgeschmettert. Seither ist Ruhe. Gelegentliche Bewerberinnen werden verbindlichst an den befreundeten »Hamburger Ruderinnen-Club von 1925« am Isekai 12 weitergereicht.

Echter Scheich und falsche Gräfin

Pikantes aus dem Luxushotel Vier Jahreszeiten

Das Vier Jahreszeiten in Hamburg hat kein Schwimmbad, aber eherne Grundsätze. Das Haus ist eine Legende, seit hundert Jahren Treffpunkt der großen Welt, Bühne für die Reichen, Schönen und Mächtigen, für Hochstapler und schräge Vögel. Gekrönte Häupter werden ebenso umsorgt wie Opernstars, Hollywoodstars oder Regierungschefs.

Wer den weißen Bau mit dem grünen Kupferdach an der Binnenalster betritt, wird in eine andere Welt versetzt. Der Gast merkt schnell, was das Geheimnis dieses Traditionshauses ist: sein einmaliger Service. Hotelgründer Friedrich Haerlin, der das Haus im Februar 1897 ersteigerte, bläute seinen Angestellten seine Philosophie ein: »Service, Service, Service. Es darf einfach keine Beschwerden geben.« Maiglöckchen im Dezember? Selbstverständlich. Frühstück am Nachmittag? Aber gern. Zehn Zuchtkühe für einen arabischen Scheich? Mit Vergnügen.

Man hört aufmerksam die Wünsche der Gäste, aber nicht alle werden erfüllt. Denn dass die Nobelherberge bis heute eine feste Burg der Moral ist, wissen in Hamburg Taxifahrer und Freudenmädchen. Zimmerservice der besonderen Art ist verpönt. Was keineswegs heißen muss, dass die Sittenwächter in der Portiersloge nicht ausgetrickst werden. Das Vier Jahreszeiten ist eben nicht nur ein Ort, wo Industriegeschichte geschrieben wurde, sondern auch Schauplatz von Liebesdramen, Komödien und Tragödien und manchmal von beidem.

Ein Fabrikant aus Westfalen und seine Frau waren Stammgäste am Neuen Jungfernstieg. Seit Jahren reisten sie im großen Mercedes mit Chauffeur an. Stets wohnten sie in derselben Suite, immer erfreuten sie das Personal mit üppigen Trinkgeldern. Tagsüber ging der Mann seinen Geschäften nach, sie zog mit dem Chauffeur durch die Geschäfte der Innenstadt. Abends soupierte man im Restaurant Haerlin und besuchte die Oper. »Es gab keinen Zweifel, die beiden waren ein glückliches Paar«, erinnert sich Empfangschef Franz-Josef Brühl, »dass sie immer noch so verliebt waren, hat uns imponiert.« Und dann erlebte er eine filmreife Szene. Sie wurde exklusiv für ihn gespielt und er konnte später über Schein und Wirklichkeit nachsinnen.

Er war wie gelähmt, als eines Abends eine ihm unbekannte Dame vor ihm stand und fragte: »Wohnt bei Ihnen Direktor X?« Kaum hatte er das bestätigt, verlangte sie den Zimmerschlüssel. »Ich bin seine Frau!«, sagte sie und legte zum Beweis ihren Personalausweis auf den Tresen. Brühl lehnte das Verlangen höflich ab. Die Frau akzeptierte, verkündete, sie werde auf den Gatten warten, und holte aus einem draußen parkenden Auto noch einen Mann herein. Brühl stand auf glühenden Kohlen. Irgendwann würde die Oper zu Ende sein und dann vor seiner Loge weitergehen.

Das Liebespaar steuerte beschwingt auf Brühl

zu, bemerkte die Wartenden und erstarrte. »Das hättest du mir nicht zugetraut, dass ich dich hier finde, mein Lieber«, höhnte die Gattin. »Na, liebste Bridgepartnerin, Pech für dich, man darf sich eben nicht erwischen lassen«, bekam die Geliebte zu hören.

Dann stürmte der Begleiter als ebenfalls betrogener Gatte auf Brühl zu. »Sie, ich brauche Ihre Personalien. Das da drüben ist meine Frau. Ich werde Sie als Zeugen in meinem Scheidungsprozess aufrufen.« Sprach's und verschwand.

In diesen Trubel hinein platzte der Chauffeur und bekam beim Anblick seiner Chefin rote Ohren. Die drohte mit strengem Strafgericht und schickte Gatten und Fahrer zum Packen. Die Busenfreundin wurde mokant gefragt, ob sie denn genügend Geld für die Rückfahrt habe. Als die Koffer verladen waren, sorgte sie dafür, dass ihr verstörter Ehemann die Rechnung bezahlte. Dann zeigte sie sich nobel. Die Freundin wurde im Mercedes mitgenommen. Aber diesmal saß sie beim Chauffeur.

So diskret dieser Fall abgewickelt wurde, so viel Wirbel machte der Auftritt eines Mannes aus dem Morgenland. Seine Romanze mit einer schönen Kielerin beherrschte monatelang die Schlagzeilen, von der Regenbogenpresse über den *stern* bis hin zur *Frankfurter Rundschau*. Scheich Abdullah Al-Jabar As-Sabah, ein Vetter des Scheichs von Kuwait, Minister und Millionär, machte mit seinem Hofstaat in Hamburg Quartier, um eine neue Frau zu finden. Groß sollte sie sein, blaue Augen sollte sie haben und blaues Geblüt natürlich auch.

In seinen mit zahllosen Palmen in Oasen verwandelten Suiten ließ er sich die Schönen des Landes vorführen, die mit Hilfe von Heiratsinstituten aufzutreiben waren. Der Nachkomme der biblischen Königin von Saba konnte sich für keine der Damen erwärmen. Nach einer kurzen, erfolglosen Brautschau in Schweden kam Al-Jaber As-Sabah schließlich doch mit einer jungen blonden Frau ins Vier Jahreszeiten zurück – mit Adelheid Margarethe Bernhardine Gräfin von und zu Tiefenau. Die hatte er bei einem Abstecher nach Frankfurt in der Tennisbar von Bad Homburg kennen- und lieben gelernt. Vom Basislager Hamburg aus wollte er nun gen Norden aufbrechen und bei den Schwiegereltern auf deren Schloss an der Förde um die Hand ihrer Tochter anhalten. Vor dem Hotel gab es einen Menschenauflauf, als der Scheich mit Gräfin Heidi am Arm nebst Gefolge seinen roten Cadillac bestieg.

Bevor sie Kiel erreichten, hatte Gräfin Barbara, die Schwester von Heidi, gebeichtet, dass eigentlich nur ihre Mutter von Adel sei, der Vater aber bürgerlich und die Familie Dichter heiße. Der Scheich nahm das gelassen, hatte er doch seinerseits ein wenig die Biografie geschönt und sich als 42-Jähriger vorgestellt. Sind 24 Jahre mehr nicht wie ein fehlender Titel? Auch dass das Schloss sich als schmuckloses Eckhaus entpuppte, ertrug er wie ein Mann, war der Empfang der Eltern bei Sekt und kaltem Buffet doch mehr als herzlich.

Einen Tag später vollzog der Chef des Standesamtes 1 in Kiel die Trauung. Das junge Paar kehrte eilig ins Vier Jahreszeiten zurück, wo Reporter und Fotografen gierig auf das Märchen aus Tausendundeiner Nacht warteten. Der Medienauftrieb wurde bald so ungemütlich, dass Heidi und der Scheich ihr Liebesnest aufgaben. Dass dieses Glück nicht von Dauer war, machte neue Schlagzeilen und löste Mitleid im Hotel aus. Tröstlich immerhin, dass Heidi bei der Scheidung vierhunderttausend Euro Abfindung kassieren konnte. Genug, um sich nebst neuem Mann in Beirut mit einem Bierlokal selbständig machen zu können.

Dass sich zwischen dem Großreeder Aristoteles Onassis und dem Opernstar Maria Callas eine Liebesgeschichte anbahnte, war den Profis am Empfang des Vier Jahreszeiten sofort klar. Der Tankerkönig war seit Jahren Stammgast am Neuen Jungfernstieg. Jede seiner zahlreichen Schiffstaufen wurde hier mit großen Festen gefeiert. Onassis ließ dazu Schlagerstars und Varieté-Künstler aus aller Welt einfliegen. Oberkellner und Empfangschefs kannten die Marotten und Vorlieben des Griechen, der mit dem Nachtportier so gern die Wurstbrote teilte und seine Manager mit boshaftem Vergnügen bloßstellte, indem er etwa bei einem Abendessen das Restaurant verließ, gegenüber vom Hotel wieder auftauchte und in aller Seelenruhe in die Alster pinkelte, um sich anschließend an den entsetzten Gesichtern der Tafelrunde zu weiden.

Den Portiers fiel auf, dass Onassis in Hamburg war, obwohl kein Schiff vom Stapel lief und keine Konferenz angesetzt war. Zur selben Zeit gab Maria Callas in der Musikhalle ihren ersten Galaabend, der zum Triumph wurde. Als die

Diva unvermittelt in der Hotelhalle auftauchte, wussten die Portiers, welches Stück auf der Hotelbühne gegeben wurde: Grieche sucht Griechin. Kurz darauf nach der »Medea«-Premiere im Royal Opera House in London wurde aus der heimlichen Affäre ein offener Skandal, der von der Boulevardpresse genüsslich ausgebreitet wurde. Die Leute im Vier Jahreszeiten haben die große Maria nicht als zickige Primadonna in Erinnerung. Service-Chef Rudolf Botor: »Sie war sehr angenehm, eine natürliche, warmherzige Frau.« Nervös hat er sie nur einmal erlebt. Damals hungerte sie aus Liebe zu ihrem Ari mithilfe einer Punkte-Diät. Botor servierte Berge von Fleisch ohne Beilagen und einen Cognac zur besseren Verdauung. Mit ihrer Diät hatte die Diva Erfolg. Onassis wandte sich gleichwohl von ihr ab und heiratete die amerikanische Präsidentenwitwe Jackie Kennedy.

Jahrelang rangierte das Vier Jahreszeiten nach dem Oriental in Bangkok auf Platz zwei der Weltbestenliste. Nach einem Streit unter den Haerlin-Erben wurde das Haus 1989 verkauft und geriet in ein krisenreiches Interregnum. Inzwischen strahlt es in altem Glanz.

In der diskret geführten Kundenkartei sind alle Vorlieben und Abneigungen der Gäste für immer vermerkt – extra Kissen, Krimi als Nachtlektüre, keine Telefonate vor 8.30 Uhr durchstellen, auf keinen Fall Nelken, Frühstückseier sechseinhalb Minuten. Wer als Betatscher von Zimmermädchen aufgefallen ist, wird es schwer haben, hier jemals wieder zu übernachten. Denn bei Sitte und Moral hört der Spaß auf, selbst wenn ansonsten auf der Welt alles in Scherben fällt.

Sechs Wochen wohnte der U-Boot-Kommandant Engelbert Endraß nun schon am Neuen Jungfernstieg. Die Portiers behandelten ihn mit besonderer Hochachtung. Er war ein Star, mit dem Ritterkreuz hochdekoriert. Die Medien feierten ihn als Helden, als Teufelskerl. Gemeinsam mit seinem Freund Günther Prien hatte er die Weltmacht England an der Nase herumgeführt und gedemütigt, als sie in der Bucht von Scapa Flow das Schlachtschiff »Royal Oak« versenkten.

Morgen würde er nun sein eigenes Schiff bekommen, die entnervenden Tests auf der Werft und die Probefahrten waren zu Ende. Endlich. Schade eigentlich, denn das Leben im Hotel war selbst in Kriegszeiten mehr als angenehm. Der Blick auf die Binnenalster, der Service, die Tanzabende im Jahreszeiten-Keller – darauf musste er ab morgen verzichten. Aber heute wollte er noch einen Abend erleben, von dem er lange träumen konnte.

Die Frau an seiner Seite war so hübsch, dass Page Herbert Kröger Haltung annahm, als die beiden durch die Drehtür kamen. Portier Carl Braun überreichte den Zimmerschlüssel und bedauerte, dass der berühmte Kapitän das Hotel verlassen würde.

Kaum war das Paar im Lift verschwunden, schickte er den Pagen über die Treppe hinterher, um es zu beobachten. Seinem Helden nachzuspionieren, war Kröger mehr als unangenehm. Aber Carl Braun war der Gott in der Loge des Vier Jahreszeiten. Widerspruch zwecklos. Natürlich verschwand der Gast mit seiner schönen Begleiterin in seiner Suite. Und Kröger machte Meldung am Empfang. Peinlich, peinlich.

Braun griff zum Telefon und bat den »verehrten Herrn Kapitänleutnant Endraß«, die reizende Dame nach unten in die Halle zu schicken. Den lahmen Einwand, die würde ihm aber beim Kofferpacken helfen, wischte Braun mit dem Hinweis weg, dafür stünden in einem Haus dieses Ranges Zimmermädchen zur Verfügung.

»Und so haben wir den armen Endraß um seine letzte Liebesnacht gebracht«, erinnert sich Kröger heute mit Bedauern. Denn der Kapitän verließ am nächsten Morgen Hamburg mit seinem U-Boot U 567 auf Feindfahrt in den Nordatlantik. Zwei Monate später, am 21. Dezember 1941, wurde der »Held von Scapa Flow« nordöstlich der Azoren versenkt.

Ein Paradiesvogel, der mit Extravaganzen in den siebziger Jahren die Klatschspalten füllte, organisierte seine Amouren so, dass sie nicht gegen den Comment des Hauses verstießen – Arndt von Bohlen und Halbach, der letzte Krupp-Sohn. Der Playboy und Märchenprinz wohnte wie schon sein Vater Alfried häufig im Vier Jahreszeiten. Wenn er perfekt geschminkt mit wallendem Seidencape die Treppe herunterrauschte, stockte manchem Gast der Atem, ein Hauch von Orient wehte durch die Hotelhalle. Blieb er übers Wochenende, so flogen aus Marokko hübsche Freunde ein und wurden politisch korrekt in Einzelzimmern einquartiert. Gemeinsam brachen sie zu ausgedehnten Streifzügen durch das Hamburger Nachtleben auf, von denen sie erst in der Morgendämmerung ermattet zurückkehrten. Wenig später folgten schwergewichtige Abgesandte des Transvestitenlokals Pulverfass und ähnlicher Etablissements mit gesalzenen Rechnungen. Die Portiers beglichen jede Zeche, denn Arndt von Bohlen verabscheute es, Bargeld mit sich herumzutragen. Die üppigen Summen ließ er stets sofort überweisen, ganz im Gegensatz zu einer Dame, die Mitte der achtziger Jahre für Furore sorgte.

In der Simbari Bar saß jeden Abend die blonde Millionärswitwe Rita Lachman aus New York, orderte bei Barkeeper Jürgen Prill Champagner und Tomatensaft mit Aquavit und schrieb ständig Schecks mit hohen Summen aus, die sie an prominente Freunde adressierte. Ihr lautes Lachen wirkte ansteckend. Es sprach sich schnell herum, dass Rita ein international bekanntes Glamourgirl war, Freundin von König Faruk, per Du mit den Kennedys und allen Größen des Jetsets. Kaum erschien der Waffenhändler Kashoggi im Vier Jahreszeiten, lag Rita in seinen Armen. Und Johannes Fürst von Thurn und Taxis geriet aus dem Häuschen, wenn er sie in der Halle traf.

Es war also kein Wunder, dass Prill die reiche Rita mit seinem Freund, dem Briefmarkenauktionator Wolfgang Jakubek, zusammenbrachte, denn der hatte gerade eine Blaue Mauritius im Angebot. Die spleenige Rita war begeistert von der Idee, eine solche Marke zu besitzen. Und so hob sie auf der Versteigerung am 21. Oktober 1985 bei 850.000 Euro den Finger, und Jakubek ließ den goldenen Hammer niedersausen. Kameraleute und Pressefotografen balgten sich um die besten Aufnahmen.

Zu spät erkannte Jakubek, dass Rita zwar Exfrau von Revlon-Gründer Charles Lachman war, aber leider nicht die letzte. Sie bekam zwar noch immer monatlich dreißigtausend Euro Apanage, das Geld war aber leider stets schon für Kredite verpfändet. Sie tröstete den »lieben Wolfgang«, sie würde Dank ihrer weltweiten Verbindungen schon einen Käufer auftreiben: »Ich bin die beste Werbelady. Ich mache euch alle zu Millionären, ich schwör's bei meinem Leben.«

Besonders überzeugend war sie in dieser Rolle, seitdem sie frisch verliebt war. Im Hotel hatte sie sich einen 26-jährigen Etagenkellner geangelt, der diskret zu Diensten war. Und am Tresen von Jürgen Prill war sie beim Whisky mit einem gut aussehenden Mann ins Gespräch gekommen. Ein Börsenmakler aus Holland, 25 Jahre jünger als sie, aber Feuer und Flamme für Rita. Scheiden lassen wollte er sich und sie heiraten, sagte er. Der Honeymoon war schlagartig zu Ende und der Verehrer verschwunden, als ihre Finanzsituation ruchbar wurde. Rita war über den fliehenden Holländer so enttäuscht, dass auch sie keinen Tag länger mehr in Hamburg bleiben wollte. Das Hotel blieb auf einer hübschen Rechnung sitzen. Die Annalen des Vier Jahreszeiten waren aber um ein Kapitel reicher.

Die Blaue Mauritius landete übrigens bei dem bayerischen Fleischgroßhändler und Strauß-Spezi Josef März. Kurz vor seinem Tod vermachte er die teure Marke seiner Geliebten.

Luxussegler und Container

Der Aufstieg des Reeders Hermann Ebel

Mit seiner Liebe zu Wasser, Segeln, Meer und Schifffahrt schlägt er aus der Art. Seine Familie ist ein altes Bauerngeschlecht aus der Nähe von Lüneburg. Wer nicht der Älteste war und deshalb den Hof nicht erbte, wurde Pastor oder Kirchenmusiker. So war es Tradition. Sein Vater war Holzhändler und der erste Kaufmann in der Familie. Auf den Sohn hat das kräftig abgefärbt.

Hermann Ebel sitzt in der vierten Etage des prächtigen Kontorhauses Ballindamm 17, blickt auf die Alster-Fontäne, den Jungfernstieg, das Hotel Vier Jahreszeiten. Hamburgs gute Stube liegt ihm zu Füßen. Er gehört zwar nicht zum Hanseaten-Uradel, aber ein königlicher Kaufmann und Reeder ist er inzwischen geworden. Einer mit Weitsicht, Wagemut und Prinzipien. Von seiner Kommandobrücke an der Binnenalster steuert er 65 Containerfrachter und vier luxuriöse Kreuzfahrtschiffe. Seit 1983 ist er mit seiner Firmengruppe Hansa Treuhand als Investmenthaus in der Schifffahrt aktiv. Er scheint zu den Menschen zu gehören, die ein goldenes Händchen haben. Was er anfasst, klappt. Ebel sieht das bescheidener und sagt Sätze wie: »Erfolg ist zehn Prozent Intuition und neunzig Prozent Transpiration.« Dass er allerdings jemals ins Schwitzen kommen könnte, hält man fast für ausgeschlossen. Ist er doch immer wie aus dem Ei gepellt.

Sportlich schlank, grau melierter, kurz getrimmter Vollbart wie ein britischer Kreuzerkommandant, Goldrandbrille, grauer Nadelstreifen, blaue Seidenkrawatte.

1949 wird Hermann Ebel geboren. Fünf Kinder sind sie zu Hause, da geht es sparsam zu. Handelsschule, Lehre als Groß- und Außenhandelskaufmann, Fachhochschule. Er spielt Posaune – Jazz, Tanzmusik, Klassik und Kirchenmusik – wie die Vorfahren. Alles, was Spaß macht und Geld bringt für das spätere Studium. Ein Schwager in Berlin kauft sich ein Segelboot, als Ebel achtzehn Jahre alt ist. Er ist sofort begeistert und fährt nun immer an die Havel. Die Berliner Segler, die sich nach der Ostsee sehnen, halten das für ziemlich schräg. Drei Jahre studiert er Betriebswirtschaft. In der *Welt* liest er eine Stellenanzeige: Die Flensburger Schiffbaugesellschaft sucht einen Vorstandsassistenten. Im Schiffbau arbeiten und abends auf der Förde segeln – die ideale Kombination. Er bewirbt sich. Am 1. Juli 1977 fängt er an. Nach drei Jahren ist er Geschäftsführer für Finanzen. Ebel sucht Kontakte zu privaten Investoren und platziert fünf Schiffsneubauten bei deutschen Investoren. »Jeden Abschluss habe ich selbst gemacht. So habe ich den Markt kennen gelernt.« Er knüpft Kontakte nach Bonn, spürt staatliche Fördertöpfe auf und holt für die Werft Aufträge aus Indonesien, Brasilien, Togo und China herein. Ein Aufschrei in der Branche, als danach die Töpfe leer sind. »Die deutschen Werften wurden damals technisch sehr gut geführt, aber es haperte am Marketing.«

Im Oktober 1983 macht er sich gemeinsam

mit Harald Block, bis dahin Geschäftsführer der Harmstorf-Reederei, in Hamburg selbständig. Das Konzept der Hansa Treuhand: »Wir kaufen das richtige Schiff zum richtigen Preis zur richtigen Zeit. Wir suchen uns unsere Charterer selbst. Wir haben unsere eigenen Kapitalgeber.« Und noch etwas machen sie anders. »Wir verchartern die Eisenbahn mit dem Lokführer«, sagt er, »in unseren Händen liegt nämlich auch die technisch-nautische Betreuung der Schiffe. Dazu gehört es, dass wir die Mannschaft stellen.«

Mehr als zwei Milliarden Euro hat die Firma inzwischen gewinnbringend investiert. Die Anleger sind mit der Kapitalvermehrung offenbar zufrieden. Bei jedem neuen Projekt sind zwei Drittel der Investoren »Altkunden«.

Zu Ebels Merksätzen gehört auch dieser: »Man darf nicht die Fähigkeit verlieren, nein zu sagen. Manchmal braucht man Geduld. Aber wenn sich eine Chance bietet, dann muss man auch mutig sein und springen.«

So wie im Herbst 1996. Seit Monaten stand das Schicksal der traditionsreichen Bremer Vulkan-Werft auf der Kippe. Großmannssucht und krumme Touren hatten den Schiffbaukonzern in den Konkurs getrieben. Zwei Containerfrachter waren noch in Bau, der Käufer abgesprungen. In dieser Situation trat Ebel auf den Plan und bot für eines der Schiffe 35 Millionen Dollar. Ein vergleichbarer Frachter hatte in Korea 42 Millionen Dollar gekostet. Der Konkursverwalter winkte ab, man habe einen anderen Käufer, der mehr zahle. Für Ebel war der Fall abgehakt.

Sechs Wochen später, am 19. Dezember, er

war gerade unterwegs nach Mölln, wo seine Tochter beim Weihnachtskonzert auftreten sollte, klingelte sein Mobiltelefon. Die Werft. Ob er denn noch zu seinem Angebot stehe. Man erwarte ihn morgen. Er wusste, dass er jetzt handeln musste. Nach dem Konzert informierte er seine Banker, sie sagten zu, der Werft zu bestätigen, dass man den Kauf finanziere. Am Morgen des 20. Dezember begannen in Bremen die Verhandlungen, zehn Stunden später wurden die Verträge unterschrieben. Er hatte nicht nur einen, sondern beide Frachter zu seinen Preisen gekauft. Baunummer 110 und 111 waren die letzten beiden Schiffe, die den Vulkan verließen.

Er hat so gar nichts von einem kapitalistischen Raubein, aber »so ein Schnäppchen darf man sich nicht entgehen lassen«. Dass er bei dieser Gelegenheit auch noch Anteilseigner einer chinesischen Werft wurde, verdankt er seiner Neugier. Im Gespräch mit dem Konkursverwalter fragte er, ob der denn vielleicht noch etwas Interessantes im Köcher habe. Herr Wellensiek hatte – eine 55-prozentige Beteiligung an der Shanghai Edward Shipbuilding Co. Ldt., eine Werft für Spezialschiffe. Ebel kannte das Unternehmen und die Mentalität der Chinesen. Er war zum Kauf unter der Bedingung bereit, dass seine asiatischen Partner ihm zehn Prozent abnahmen und Mehrheitsgesellschafter wurden. Denn er wusste, dass er als Deutscher vor Ort ohnehin die Werft nicht managen konnte. Der Handel kam zustande, zur Zufriedenheit aller Beteiligten.

Der Reeder Hermann Ebel ist in der glücklichen Lage, seinen Investoren gleich noch eine

Möglichkeit zu bieten, ihre Gewinne nicht nur neu anzulegen, sondern auf höchst angenehme Weise auszugeben. Denn seit Juni 1994 gehört zu seiner Flotte die schönste Viermastbark auf den Weltmeeren – die legendäre Sea Cloud. Der 1931 von der Krupp-Germania Werft in Kiel an die General-Food-Erbin Marjorie Merriweather Post ausgelieferte Luxussegler. Ein Traumschiff, das auch den Segelfan Ebel in seinen Bann geschlagen hat. Keine Frage, dass er wegen der Nachfrage inzwischen ein Schwesterschiff bauen ließ. Seit 2001 ist die Sea Cloud II auf den Weltmeeren unterwegs. Dass er allerdings auch in die Flussschifffahrt einsteigen würde, hat er sich nicht vorstellen können. »Da haben mich unsere Kunden hineingetrieben.« Amerikanische Reiseveranstalter bedrängten ihn, einen Luxusliner für die Donau auf Kiel zu legen. Wie zur Bestätigung kam wenig später vom Vertrieb die Meldung, dass für die nächste Saison 75 Prozent der Plätze verkauft wären, wenn bloß das passende Schiff da sei. Das hat ihn überzeugt. Wieder so ein Merksatz à la Ebel: »Der Köder muss dem Fisch schmecken, nicht dem Angler.« Er bestellte die River Cloud. Ein Banker warnte ihn vor dem Abenteuer: »Das können Sie vergessen, vierhundert Mark pro Person und Nacht bekommen Sie nie.« Ebel: »Da haben Sie Recht. Ich brauche ja auch sechshundert Mark und die kriege ich.« Sein Donauschiff mit neunzig Betten kostete elf Millionen Euro und hat mehr Personal als Passagiere an Bord. Die holländische Konkurrenz befördert 140 Passagiere auf einem gleich großen Schiff, das nur siebeneinhalb Millionen Euro kostete. »Wir bieten ein Produkt für verwöhnte Leute. Unser Geheimnis ist, dass wir die Gäste individuell bedienen, wie ein schwimmendes Vier Jahreszeiten«, sagt er und guckt über die Alster. Inzwischen schippert eine River Cloud II in Italien auf dem Po zwischen Venedig und Cremona. Themenreisen »Kunst«, »Musik« und »Architektur« sind der Renner. Unten im Schaufenster am Ballindamm ist das Galadiner der Sea Cloud dekoriert und im Laden im Maßstab eins zu eins eine Musterkabine der Sea Cloud II aufgebaut – für Kundenempfänge und damit Interessenten schon mal ein bisschen große weite Welt schnuppern können.

Die Bodenhaftung hat er trotz aller Erfolge nicht verloren. In der Innenstadt benutzt er kein Taxi, sondern geht zu Fuß oder setzt sich aufs Rad. Im Urlaub segelt er am liebsten mit der Familie auf seinem Boot von Glücksburg auf die Ostsee hinaus. Wasser und Wind sind seine Leidenschaft. Die hat er seiner Tochter vererbt. Dem väterlichen Dickschiff kann sie allerdings wenig abgewinnen. Ihre Passion ist Regattasegeln. Mit Beharrlichkeit hat sie es geschafft, dass der Trainer der australischen Olympia-Seglerinnen sie betreut. Das war ihr Traum. Nachdem der erste Schock verdaut war, gaben die Eltern ihr Einverständnis, dass Tochter Victoria in Sidney ihr Abitur macht und auf dem fünften Kontinent trainiert. Seine Frau Milena hat sich wohl an ihre eigenen Träume erinnert. Als Kind – sie wuchs in bescheidenen Verhältnissen in einem kroatischen Fischerdorf auf – saß sie stundenlang auf einem Felsen und sah aufs Meer hinaus. Da, wo all die

Schiffe herkommen, da will ich einmal hin. Als 17-Jährige kam sie nach Deutschland. München, Essen. Dann ein Stellenangebot in Hamburg. Als sie über die Elbbrücken fuhr, las sie den Wegweiser »Hafen«. Da war es um sie geschehen. Sie vergaß den Vorstellungstermin, setzte sich an die Landungsbrücken und war endlich am Ziel ihrer Träume angekommen. Mit zwei Stunden Verspätung hat sie sich doch noch vorgestellt, ihre Geschichte erzählt und den Job bekommen. Kennen gelernt haben sie sich dann 1983, als Ebel Geschäftsräume suchte. Sie war die Maklerin.

Auf dem untersten Schild am Eingang seines Büros steht »Arche Noah Kroatien-Hilfe e. V.« Die hat Hermann Ebel gemeinsam mit seiner Frau aufgezogen, als 1991 auf dem Balkan das Morden begann. Eineinhalb Millionen Euro Spenden haben sie bislang für Kriegswaisen gesammelt. Die Kinder sollten in ihrer Heimat bei Verwandten bleiben können oder in Heimen untergebracht, gut betreut und ärztlich versorgt werden. Zeitweise waren es mehr als siebenhundert. Heute werden noch 250 Waisen unterstützt. Jetzt bekommen die Ebels Briefe aus Kroatien von ehemaligen Schützlingen, die inzwischen studiert haben, Ärzte, Lehrer, Kaufleute sind und nun ihrerseits Hilfe anbieten. »Es ist ein interessantes Netzwerk entstanden«, sagt Hermann Ebel. Mehr wäre wohl Schwärmerei und zu viel Emotion. Er ist gelernter Hamburger, ein Hanseat, wie er im Buche steht.

Hamburg literarisch

Von Dichtern und Denkern und von Pfeffersäcken

Lessing und Heine hielten die Hamburger für ziemliche Banausen. Pfeffersäcke, die sich herzlich wenig für Kultur begeistern lassen. Auf neudeutsch formulierte es eine feinsinnig gebildete Dame, hier fehle (im Vergleich zu Frankfurt) einfach irgendwie »der öffentliche Diskurs«. Den kenne ich gar nicht, aber vielleicht stamme ich dazu ein bisschen zu sehr aus der Gegend. Was wir in Hamburg haben ist: eines der schönsten Literaturhäuser überhaupt. Es liegt an der Alster, hat einen Saal, ein Kaffeehaus in satten freundlich gelben Farben, eine noble Bar und einen weiteren Vortragsraum im ersten Stock. Viele imposante, aufregende Vertreter der Weltliteratur waren hier im Laufe der Jahre zu Gast; die großen deutschen Gegenwartsautoren, oft schon ehe sie anerkannt und berühmt waren, Philosophen, aufregende Denker, streitbare Diskutanten habe ich im Literaturhaus zu Hamburg erlebt. In Wirklichkeit verdanke ich dem Literaturhaus die vermutlich schönsten, intensivsten Jahre meines Berufslebens. Manchmal fehlte mir nur eins: Es war nie wirklich Treffpunkt für die Dichter der Stadt, nicht Plattform für die, die hier wohnen und ihre Texte hier schreiben, außer vielleicht das Literaturzentrum, das ja auch zum Literaturhaus gehört. Der Satz, der Prophet gelte nichts im eigenen Land, passt auf das Literaturhaus zu

Hamburg. Wenn ich mich richtig erinnere – und ich wünsche mir geradezu, korrigiert zu werden – dann wurde Peter Rühmkorf im Hamburger Literaturhaus zum ersten Mal ein Abend gewidmet, nachdem ihm andernorts der Büchnerpreis verliehen worden war. Vielleicht hat er sich als eine Art Schmuddelkind der Literatur diskreditiert, weil er berühmt dafür war, von einem Lastwagen herab auf Märkten zusammen mit Michael Naura und Wolfgang Schlüter seine Gedichte volksnah vorzutragen. Mit riesigem Erfolg, etwa beim so genannten Literatrubel.

Das war in der Zeit, als die Literatur in Hamburg noch am Ferdinandstor wohnte, im Souterrain der Kunsthalle, was bekanntlich ein Euphemismus für Kellerwohnung ist, neben dem Hauptbahnhof. Lesungen mussten dort unterbrochen werden, wenn draußen ein Zug vorbeiratterte. In den achtziger Jahren schenkte dann der Verleger Gerd Bucerius der Stadt ein richtiges Literaturhaus, eine alte großbürgerliche Villa an der Alster, Schwanenwik 38, mit einem kleinen verwilderten Garten, einem Ballsaal mit goldenen Putten im Stuck, Parkett und einem herrlich verwunschenen Deckengemälde, das während der Renovierungsarbeiten gefunden und dann restauriert wurde. Nicht zu vergessen die Buchhandlung von Stephan Samtleben, mit dem im Wort- wie übertragenen Sinn erlesensten Sortiment im ganzen Land. Mindestens. Ich erinnere mich an die ersten Diskussionen im noch unrenovierten Literaturhaus, was sich dort alles ereignen könnte, Schreibstuben für Poeten, Medienzentrum, Leseabenteuer. Im Mai 1987 trafen sich dort Enthusiasten, die schon jahrelang für ein Literaturhaus gekämpft hatten, wie Elsbeth Wolffheim, Volker Hasenclever und Wilfried Weber; es waren aber auch Dichter, Literaturwissenschaftler, Vertreter der Behörde und Abgesandte aus anderen Städten anwesend, man hatte Muße, Einfälle auszuspinnen und sich neue Dichtung anzuhören, eine »Kreuzung von Texten und Tönen bei lebendigem Leib«. Es war eine wunderbare Zeit. Ich höre noch den Verleger Hans Röhring donnernd rufen: »Die Literatur in diesem Land geht an Krücken, notdürftig oder gar nicht subventioniert.« Man forderte leidenschaftlich mehr Unterstützung aus der Stadtkasse für Literaturförderung. Heute geht es auch im Literaturhaus nüchterner zu, es trägt sich zu großen Teilen selbst durch Veranstaltungen und Vermietung. Und die Literatur bewegt sich weiter auf ihren Krücken, wie vermutlich schon immer.

Man erinnere sich: In den zwanziger Jahren kosteten Bücher vier bis fünf Euro, ein qualifizierter Angestellter verdiente 175 Euro. Auch keine günstige Zeit für Buchhändler und Verleger, denn der Mensch will zunächst einmal anständig wohnen, es warm haben, sich gut ernähren, kleine Rücklagen machen, seine Krankenkasse bezahlen, bevor er Geld für Bücher ausgibt. Just in einer solchen Zeit erfand ein Hamburger Buchhändler ein schnelles Vertriebssystem für Bücher, das noch heute funktioniert: Libri ist nicht nur das lateinische Wort für Bücher, sondern das Kürzel für Georg Lingenbrink. 1928 erschienen in Deutschland 27.794 Bücher, heutzutage sind es circa achtzigtausend neue Titel pro Saison. Der Buchmarkt reagierte auf die Krise schon damals durch nervöse Überproduktion und wenn jemand ein Buch haben wollte, dann heute und nicht in vierzehn Tagen. In dieser Zeit traf Georg Lingenbrink genau den richtigen Nerv. Die Bücher lagen in den Buchhandlungen oftmals in riesigen unsortierten Haufen. Die Tätigkeit der Verleger erschien manchem als geistverlassene Doublettenzucht. Wenn einer einen Einfall hatte, lebten sofort zwanzig Konkurrenten davon. Die Überproduktion war durchaus Ausdruck großer Hilflosigkeit, und nicht nur Carl von Ossietzky vermutete dahinter das »Heraufkommen eines neuen Barbarentums, das schrecklich aufräumen wird unter den Werten, an denen wir heute noch hängen.« Lingenbrink sah möglicherweise auch die ungeheure Überfressenheit an Literatur, aber er handelte als Kaufmann, führte übersichtliche Lager und rasche Auslieferung ein. Täglich wurde per Handkarren ausgetragen. Und diese tägliche Lieferung über den Grossisten hat sich bis heute bewährt. Auch wenn es bedeutet, dass es im Buchhandel zugeht wie beim Kaffeehandel, wo am sowieso notorisch unterbezahlten Pflücker gespart wird und niemals am Verdienst der Zwischenhändler. Buchhändler bestellen, seitdem es Grossisten gibt, natürlich zögerlicher bei den Verlagen; zwar hätten sie da günstigere Konditionen, aber ein Lager kostet Geld und bindet Kapital, also bestellen sie, wenn ein Buch am Ladentisch verlangt wird, beim Großhandel. Und gespart wird beim Pflücker, also an den Honoraren der Autoren.

Es gab in Hamburg auch Hochzeiten der Literatur, etwa als Barthold Hinrich Brockes als Ratsherr in den Senat seiner Vaterstadt berufen wurde, wobei er Muße behielt, sich den von ihm eifrig gepflegten Künsten, der Malerei, der Musik und der Poesie, zu widmen. Er hatte einen Landsitz am Steintor, dort ist heute auch die Brockesstraße. Eine düstere, lausige Kante hinter dem Hauptbahnhof. Zwar lockt das Museum für Kunst und Gewerbe mit fabelhaften Ausstellungen, rundherum allerdings sieht es aus wie ein verwahrlostes Kriegskrankenlager; Drogendealer haben in den Grünanlagen zwischen ZOB, Museum und Besenbinderhof ihre Verstecke und man begegnet finsteren Gestalten. Brockes Blick ging hier im ersten Drittel des 18. Jahrhunderts über ein Gartengelände bis nach Horn. Er hat viele der Blumen besungen in seinen Gedichten vom »Irdischen Vergnügen in Gott«. Er war ein Mann der maßvoll glühenden Sprachbilder, dem keine Blüte zu unscheinbar, kein Vogelgesang zu gewöhnlich, kein Raureif zu vergänglich schien, um das alles zu lieben: »Zur Betrachtung und Bewund'rung scheint die ganze Welt allein, scheinen Sinn, Leib und Geist eigentlich bestimmt zu sein.« Er konnte allerdings auch Ehenöte, Launen der Gattin oder Zahnarztbesuche mit einer Anschaulichkeit beschreiben, die den Leser vor Mitleid zusammenzucken lässt. Der Zahnarzt zieht am Backenzahn:

»Er knackt, ich wiche nicht. Doch endlich war meyn Muth noch eher als der Zahn gebrochen. Es riss ein grässliches Gekrach, wodurch des gantzen Hauptes Knochen zu spalten schien, ein kurtz doch kläglich ›Ach!‹ mir aus der Brust. Die feurig wilde Peyn, der bittre Schmerz durchdrang so Fleisch als Bein …« Übrigens griff Brockes noch, als er 1747 sein Ende nahen fühlte, zum Rabenkiel, um auch dieses Experiment aufmerksam zu notieren, und verfasste eine ängstliche, trockene Anleitung zum gottseligen Sterben.

Barthold Hinrich Brockes gehört unbedingt in meine kleine höchst private Galerie der Lieblingsautoren in Hamburg. Weder kann, noch will ich sie alle aufzählen, aber wenn ich aus meinem Fenster gucke, sehe ich wie eine Lücke in einer Zahnreihe die Stelle, an der das Elternhaus von Hans Erich Nossack gestanden hat. Während des Bombenangriffs 1943, den er in »Der Untergang« beschrieben hat, ist es zerstört worden. Alle seine Tagebücher und Manuskripte sind dabei verbrannt. Nach dem Krieg führte Nossack eine Art Doppelexistenz, tagsüber arbeitete er als Kaufmann im Kontor der väterlichen Firma im Freihafen, abends schrieb er. Zu dem, was man seine Biografie nennen könnte, erklärte Nossack: »Als mir in den dreißiger Jahren die Todesanzeige von Barlach ins Haus geschickt wurde, war mir klar, dass mein Vater gestorben war. Als Beckmann 1950 in New York starb, habe ich um einen älteren Bruder geweint und als Albert Camus 1960 verunglückte, um einen jüngeren Bruder. Ich fühlte mich ein wenig im Stich gelassen. Alle drei Familienangehörigen habe ich nicht persönlich gekannt, das ist bei uns nicht nötig. Ich habe mich oft mit Theo van Gogh über seinen Bruder Vincent unterhalten. Bei uns darf man nämlich noch um einen Nahestehenden trauern, ohne als unmännlich zu gelten. Manchmal schreibt man stattdessen ein Buch. Das wird dann Literatur genannt.« Nossack schrieb schlicht, spröde, ohne Schnörkel und er lieferte Bravourstücke stilistischer Eleganz und inhaltlicher Dichte. Seine Liebeserklärung an Hamburg heißt »Nachtgespräch auf der Lombardsbrücke«. Nach einem Besuch im Schauspielhaus hat der Erzähler einen Spaziergang unternommen, um sich auszulüften. Ihm begegnet ein Engel, ausgerechnet in Hamburg. Die Damen würden ihn vermutlich zum Herrenausstatter in den Alsterarkaden oder den Großen Bleichen führen, um ihn mit einem vernünftigen Anzug auszustatten, echt Hamburger Börsenstoff, unverwüstlich. Die beiden stehen an der Lombardsbrücke, hinter ihnen brausen Autos und Züge, der Nachtzug nach Basel, der schon aus Kopenhagen kommt und dem in Altona die Schlafwagen angehängt werden. Der Erzähler weist auf die Binnenalster und sagt zu dem Engel: »Dafür kann man Hamburg einiges verzeihen«. Der Engel erwidert: »Einer gut aussehenden, eleganten Dame, die noch dazu über mehr praktische Vernunft verfügt als wir, vorzuwerfen, dass sie nicht musisch sei, halten Sie das etwa für geistreich? Da ist doch die Dame viel geistreicher, wenn sie über die Städte, die sich Theaterstadt nennen oder sich mit sonst irgendeinem protzigen Titel behängen, meint: Die da in der Provinz müssen es wohl sehr nötig haben, weil sie keinen Hafen haben und die Fremden nicht von selbst zu ihnen kommen … Stellen Sie sich doch einmal auf die Landungsbrücken. Nicht wegen des bleigrünen Wassers und der Schiffe, die ein- und ausfahren, das sind Selbstverständlichkeiten. Auch nicht wegen der Helgenaufbauten auf der anderen Seite und nicht wegen des Mennigrots der in den Werften aufgedockten Dampfer, das kann man sich auch in den Reiseprospekten ansehen. Aber die Luft darüber, die Atmosphäre, die zarten Aquarellfarben und die sanft streichelnden Schatten, das wagt man doch kaum zu träumen ...«

Zu meinen Lieblingsdichtern der Hansestadt gehört Wolfgang Borchert. Schon während seiner Schulzeit soll er Gedichte wie am Fließband geschrieben haben, er brauchte kaum länger dazu, als Worte aus einem Buch abzuschreiben. »Geht es Dir auch so, dass Du nichts Langsames abkannst?«, schrieb er in missingschem Tonfall einer Freundin. Er meinte: »Wir brauchen keine Dichter mit guter Grammatik. Zu guter Grammatik fehlt uns Geduld. Wir brauchen die mit heiser geschluchztem Gefühl. Die zu Baum Baum sagen und zu Weib Weib sagen und Ja sagen und Nein sagen: laut und deutlich und dreifach ohne Konjunktiv.« Borchert hatte ein unterschätztes Talent, Alltägliches skurril zu betrachten, er beherrschte das Tragikomische ebenso wie düsteres Pathos: »Wir können unserem Herzen nicht befehlen, lustig oder traurig zu sein – wir können die Seelen nicht abschließen oder immun gegen Stimmungen machen oder unserem Verstande weismachen wollen, dass alles Geschehen in der Welt und im Weltall heiter und harmlos sei. Unsere Seele ist wie die Palette eines Malers: hell und dunkel liegen nebeneinander.« Wolfgang Borcherts Werk enthält die groben Register, expressionistische Schreie, Gefühlsausbrüche und Anklagen, aber auch die leisen Töne, Anspielungen, die fein gesponnenen Zusammenhänge und nicht zuletzt die Späße. »Draußen vor der Tür« ist das meistgespielte deutsche Nachkriegstheaterstück. Die Hauptfigur Beckmann wurde zur Identifikationsfigur einer verratenen Generation.

Wer kennt den Dichter und Essayisten Werner Riegel, der sich nach dem Zweiten Weltkrieg mit seiner Zeitschrift *Zwischen den Kriegen* mit Leidenschaft zwischen alle Stühle gesetzt hat? Hektografierte Blätter waren das und sie enthielten, wie es der Freund und Weggefährte Peter Rühmkorf erklärt, Götterbotschaften für die bildungsdurstigen Freunde. Geschult hatte Riegel seinen Geist an all jenen, die von den Nazis verboten worden waren. »Was er vor uns wissbegierigen Freunden ausbreitete wie eine frisch an Land gezogene Wahrheit, das hatte er sorgsam studiert und bis auf den Grund gelesen. Wogegen er sich wandte und was er dann mit Lust auf die gefährlich geschärfte Feder nahm, das konnte gewiss sein, dass er es bis in die letzte Intimität eines schief angesetzten Gedankens durchschaut hatte. Reelles Wissen, positive Kenntnisse, im Alleingang ergrabene Fakten und gegen das allgemeine grandiose Drüberhin der Fortschreibungswissenschaft ermitteltes Zahlenmaterial, das war das Basiskapital, mit dem er wucherte«, so beschreibt Peter Rühmkorf den Freund, der 1956, mit 31 Jahren, an Krebs starb, in einer Abstellkammer des Eppendorfer Krankenhauses, umgeben von treuen Freunden wie Kurt Hiller oder Peter Martin Lampel, der sich verlegen am Kopf kratzte, weil es den so viel Jüngeren traf.

Peter Rühmkorf hat dem Freund Werner Riegel ein Denkmal gesetzt in dem Band »... beladen mit Sendung. Dichter und armes Schwein«.

Siegfried Lenz lebt in Hamburg-Othmarschen, seine Romane sind seit Jahrzehnten Schullektüre. Mir ist allerdings am liebsten ein kleines, eher unscheinbares Buch, das er zusammen mit seiner Frau Liselotte veröffentlicht hat. »Strandgut«, mit Farbstiftzeichnungen von Liselotte Lenz und Texten von Siegfried Lenz. Stell dir vor, du gehst am Elbstrand spazieren, bis unter die Pudelmütze in deinen Schwierigkeiten vergraben, die Gedanken drehen sich mal wieder im Kreis, dann und wann kriegt eine Blechdose einen Tritt. »Mich wundert nicht«, schreibt Lenz »dass das Meer eine Limonadendose ... zuerst verbeult und eindellt und behämmert, ehe es sie wieder ausspuckt. Dieser ganze Müll, von den Menschen irgendwann ins Wasser geworfen, wieder an Land gespült, macht den Betrachter wütend. Aber der alte, mit Sand gefüllte Stiefel, der Arbeitshelm, der zerborstene Schrubber, der ausgebeizte, abgenagte Knochen – dieser ganze Plunder erzählt Geschichte und legt Zeugnis ab.« Siegfried Lenz spielt in diesem Buch, inspiriert von den Bildern seiner Frau, mit den Möglichkeiten der Literatur. Die rosa und stahlgrauen Muscheln etwa: »Vielleicht war es Undine selbst, das heißt: ihre meergewohnte Schwester, die dieses Häufchen zusammengesucht hat, um in der Nacht, wenn endlich das Gekreisch der Möwen aufhört, ihren ganz privaten Matrosenfriedhof zu schmücken«. Mythen, Wiederkehr des ewig Gleichen, Tod und Vergänglichkeit. »Man möchte ein Netz nach sich selbst auswerfen.«

Hermann Peter Piwitt gehört zu den Schriftstellern, die, so ist zu befürchten, unter der Kälte, Beliebigkeit und Gleichgültigkeit der Hamburger Gesellschaft leiden, die aber ihrerseits anderen das Leben darin erträglicher machen. Weil da einer ist, der mit seinen Aus- und Abschweifungen einen ganz eigenen liebevoll lakonischen Ton trifft, bewegliche Weltbilder öffnet und wider den Zeitgeist wettert, gegen Gemütskacke aus Therapie und Illustrierten, gegen Lehramtskandidatinnen auf Erlebnisurlaub, gegen all die Leute mit den Möbeln im Egoparterre. Piwitt beschreibt, was er auf Reisen sieht, bevor der letzte Wildbach Rennstrecke geworden ist, der letzte Berg weggetrampelt wird, und betritt gedankliche und reale Landschaften als Gast, berückend in seiner Stilsicherheit, betörend in den absolut unsentimentalen Versuchen, sich selbst zu mögen und weiße Flecken der Kultur zu erobern.

Uwe Timms »Entdeckung der Currywurst« spielt in Hamburg und gehört zu meinen Lieblingsbüchern. Gerd Fuchs lebt seit Jahren in Hamburg, stammt aus dem Hunsrück und ist für mich einer der am meisten unterschätzten deutschsprachigen Autoren und es gäbe noch seitenlang über diese Schriftstellergeneration zu erzählen. Danach kam eine Gruppe, zu der Autoren wie Bernhard Lassahn, Martin Hielscher und Klaus Modick gehörten. Sie wurde ergänzt durch eine nachrückende Autorengruppe, die sich eine Zeit lang Edition 406 nannte und ganz neue Räume entdecken und überhaupt alles neu erfinden wollte. Sie traten in St. Pauli auf, in einem Stundenhotel, man konnte sie mieten und mit aufs Zimmer zum Vorlesen nehmen. Sie veranstalteten *slam poetry* in der Prinzenbar. Brechend voll war es dort plötzlich bei den Dichterlesungen und das Publikum johlte bei Geschichten mit Titeln wie »Mein Tag im Leben eines Hirschen«. Dazu gab es einen Kurzfilm, in dem man einen Hamster sah, der auf gemalten Straßen mit kleinen Zweigen am Kopf als Geweih herumlief, und von dort aus wollte der Dichter die Welt betrachtet haben. Wiedergänger gehen, Raben rufen »Kolk«, und immer wieder kommt eine nächste Generation, die die Literatur neu erfinden darf, in der schönsten Form, die erreichbar scheint.

Und zum Schluss sei gesagt: Wenn ich auf einen in Hamburg lebenden Dichter wirklich stolz bin, dann ist es immer wieder Peter Rühmkorf, der aus seiner Dachluke in Övelgönne mit Blick auf die Elbe mehr sieht und beobachtet als andere, die sich mitten im Geschehen tummeln. Da sind nicht nur seine Gedichte und Tagebücher. Er ist einfach furchtloser als die ganze übrige Mischpoke, die das verlogene Spiel »Nennst du mich Schiller, nenn ich dich Goethe« brav mitmacht. Rühmkorf hat sich im Alleingang mit dem so genannten »Literaturpapst« Marcel Reich-Ranicki und seinem Omnipotenzwahn angelegt. Der schmale Band »Ich habe Lust im weiten Feld. Betrachtungen einer abgeräumten Schachfigur« gehört zum Besten, Luzidesten und Genauesten, was über die verkommene Literaturszene Deutschlands bisher gesagt wurde. Und

– ganz nebenbei – es zu veröffentlichen, kommt in diesem von Feigheit, Mittelmäßigkeit, Filz- und Intrigantentum bestimmten Land natürlich einer Verbannung in eine Art publizistisches Sibirien gleich.

»Die Population des Hamburger Staates besteht, seit Menschengedenken, aus Juden und Christen; es pflegen auch die letzteren nicht viel zu verschenken«, urteilte Heinrich Heine, der jahrelang nicht schlecht gelebt hat von einer freiwillig gezahlten Rente seines in Hamburg lebenden Onkels Salomon Heine. Der hatte zwar wenig Verständnis für die Bücher seines Neffen, gleichwohl bewirtete und unterstützte er ihn tatkräftig. Heine meinte über Ottensen, wo Klopstock auf dem Friedhof der Christianskirche ruht: »Ich kenne keine Gegend, wo ein toter Dichter so gut begraben liegen kann wie dort. Als lebendiger dort zu leben ist schon weit schwerer.«

Der letzte Impresario

Corny Littmann – der Mann, der St. Pauli rettete

Er hat ein Liebesverhältnis mit seinem Stadtteil. Der Kiez ist seine Heimat, sein vertrautes, internationales Dorf, nirgendwo anders möchte er leben – Corny Littmann, Komödiant, Unternehmer, Impresario am Spielbudenplatz in Hamburg-St. Pauli. Der Chef des Schmidt Theaters und des Schmidts Tivoli ist ein eher schmächtiger, mittelgroßer Mann mit Stirnglatze, großer Nase, kräftigem Kinn und blitzenden Augen hinter der schmalrandigen Brille. Er ist ein Energiebündel, ein Macher voller Ideen, nachdenklich und abwägend, aber gleichzeitig zupackend, schnell und präzise, ein Springteufel, der druckreif formuliert und den Streit nicht meidet, wenn's denn sein muss.

Er ist der beste PR-Mann für seine Theater und für sein Viertel. Er hat Entscheidendes dafür getan, dass St. Pauli heute wieder ein lebendiges Unterhaltungszentrum mit Theatern, Showbühnen, Revuen, Musikclubs, Bars und Restaurants ist. Vorbei die Zeiten, als St. Pauli allein für Puffs, Rauschgift, Spielhöllen und Mafia-Kriege stand.

Künstler und Kaufmann zugleich zu sein erhält ihn nach eigenen Aussagen »frisch und jung, weil ich ja ständig in Bewegung bin. Ich habe die große Freiheit, meinen jeweiligen Beruf wählen zu können – ich kann Regisseur sein, Schauspieler, Autor, Inhaber, was auch immer«. Das empfindet er als Glück. Intendant in einem großen Haus? Das reizt ihn nicht. »Der ist doch heute im Grunde ein besserer Verwaltungschef, der alle Zahlen zusammenhalten und sehen muss, dass die Leute bei der Stange bleiben.«

Da ist er lieber Impresario, jene fast ausgestorbene Spezies des Mädchens für alles, einer, der für das Theater lebt und es prägt, ein Mann mit Neugier und guter Nase. Er findet es wunderbar, dass er mit dem Theater identifiziert wird. »Ich stehe gern im Foyer oder gehe ins Bistro und rede mit den Menschen. Die wollen jemanden zum Anfassen.« Wobei er Wert darauf legt, dass dies alles keine Ein-Mann-Veranstaltung ist. Mitgeschäftsführer Norbert Aust – gleichzeitig noch Juraprofessor an der Hamburger Hochschule für Wirtschaft und Politik – ist sein wichtigster Partner für alle Planungen. Und Littmann ist stolz darauf, »dass über die Jahre Talente herangewachsen sind, die in ihrem Metier absolute Profis sind, auf die ich mich hundertprozentig verlassen kann«.

Das Publikum hat Corny & Co. ins Herz geschlossen. 250.000 Menschen kommen pro Jahr, mehr Besucher, als manches Staatstheater zählen kann. Sieben Millionen Euro Umsatz werden im Schmidt-Reich gemacht. Neben den beiden Theatern gehören noch das Restaurant Schlösschen, Angies Nightclub und die Wunderbar dazu. Im Gegensatz zu den hoch subventionierten Bühnen müssen sie ohne staatliche Zuschüsse über die Runden kommen. Vor Jahren hat ihn mal ein hoher Kulturbeamter zur Seite genommen und gesagt, vielleicht seien auch für Schmidt mal hunderttausend Euro drin. Dem Mann hat er vorgerechnet, dass eine Produktion zwischen 150.000 und 175.000 Euro koste, unter einer halben Million brauche man deshalb gar nicht anzufangen. Aus war's. Und eigentlich war ihm das auch ganz lieb. Ein mühsamer Papierkrieg musste nicht geführt werden und um die uneingeschränkte Freiheit musste er nicht fürchten.

Freiheit, Unabhängigkeit, Abenteuer, Ausprobieren – das sind die roten Fäden im Leben von Corny Littmann. 1952 wurde er im westfälischen Münster geboren. Der Vater war ein betuchter und angesehener Professor für Finanzwissenschaften. Corny wuchs mit dem goldenen Löffel auf und hat seither Probleme mit Besitz. »Ich hatte einen richtigen Widerwillen dagegen.« Er begann Psychologie zu studieren, hörte aber bald damit auf und wurde Schauspieler. Zunächst beim Schwulen-Theater Brühwarm, später gründete er mit Freunden die Wanderbühne Familie Schmidt. Im Zirkuszelt traten sie mit ihren Komödien und Shows auf und wurden gefeiert. Gemeinsam mit Freund Ernie Reinhard (»Lilo Wanders«) wagte er 1988 den großen Sprung und machte am Spielbudenplatz das Schmidt Theater auf.

»Unser Glück war, dass sich damals niemand für den verrotteten Laden interessiert hat.« Der Eigentümer, der Immobilienkaufmann Wilhelm Bartels, eine andere Kiez-Legende, der hier ehrfurchtsvoll »König von St. Pauli« genannt wird, glaubte an Littmann. Wenn dessen Konzept Erfolg hatte, konnte das die ganze heruntergekommene Meile nur attraktiver machen. Und der Laden lief von Anfang an. Man ging plötzlich wieder auf die Reeperbahn. »Lilo Wanders«, Jutta Wübbe als trutschige »Frau Marlene Jaschke« mit Kompotthut und Handtasche und Corny »Schmidt« waren die Zugpferde. In den plüschigen Clubsesseln schlug sich das Publikum vor Vergnügen auf die Schenkel. Schon zwei Jahre später eröffneten Littmann und Aust in der Nachbarschaft das Revuetheater Schmidts Tivoli. Auch ein Publikumsrenner.

Wie erklärt er sich die Popularität? Er fragt sich immer, was er selbst erwartet, wenn er ins Theater geht. »Das fängt bei uns am Eingang an, nicht erst wenn der Vorhang aufgeht. Empfange ich meine Gäste freundlich? Unser Publikum und wir haben gemeinsame Vorerfahrungen, ein bestimmtes Verständnis von Humor und schauspielerischem Handwerk. Seit mehr als zehn Jahren halten wir diese Qualitätsstandards ein. Da sagen sich die Leute, auch wenn wir die Künstler oder das Programm nicht kennen, gehen wir hin, denn bisher sind wir da immer gut unterhalten worden.« Natürlich hört er sehr genau hin, was die Zuschauer sagen, und reagiert darauf. Die Inszenierung des »Sommernachtstraums« etwa wurde zweimal überarbeitet. Keine Seltenheit, sagt Corny Littmann und freut sich, dass sein Theater schwarze Zahlen schreibt.

1999 wurde seine Arbeit auf unerwartete Weise ausgezeichnet, hanseatische Kaufleute wählten ihn zum »Hamburger Unternehmer des Jahres« und prämierten ihn damit für die erfolgreiche Unternehmensführung, Produkt- und Marketingideen und gute Mitarbeiterführung.

Der Schiffsgashebel, den er als Preis bekam, war für Littmann »die Friedenspfeife, die uns St. Paulianern von den Hamburger Pfeffersäcken gereicht wird«.

Da blitzt dann schon mal der Unmut darüber auf, dass die Hansestadt gern mit St. Pauli als weltweit bekanntem Markenzeichen Reklame macht, aber es sonst als seinen Hinterhof betrachtet. Bei Investitionen wird das Viertel gern übergangen. Das hat an der Elbe lange Tradition. Der Hamburger Berg, wie St. Pauli jahrhundertelang hieß, gehörte zwar zu Hamburg, lag aber ungeschützt vor den Toren der Stadt. Lästiges Gewerbe wie stinkende Ölmühlen und Trankochereien waren in der Altstadt verboten und wurden hierher verbannt. Der niederländische Festungsbauer Johann van Valckenburgh, der 1616 bis 1626 die Altstadt mit mächtigen Wällen sicherte, durfte die nötigen Baustoffe selbstverständlich vom Hamburger Berg holen. Waren aus St. Pauli mussten bis 1888 am Millerntor verzollt werden.

Aber durch solche Schikanen haben sich die St. Paulianer niemals kleinkriegen lassen. Sie wussten, wenn die Hamburger Bürger so richtig Spaß haben wollten, dann mussten sie zu ihnen kommen. Schon im 18. Jahrhundert standen am heutigen Spielbudenplatz Zelte, Bretterbühnen und Holzbuden, wo Schauspieler, Gaukler, Musiker und Seiltänzer ihre Vorstellungen gaben. Das Ballhaus Torpavillon öffnete und war bei den Hamburgern sofort hochbeliebt, wegen seiner eigentümlichen Dachform nannten sie es »Trichter«. Mitte des Jahrhunderts machten Theater auf, das Elysium, die Urania, das heutige St. Pauli

Theater, und der Circus Gymnasticus, das heutige Operettenhaus. Es folgte das Carl Schultze-Theater. Zeitweise waren es bis zu sechzig Bühnen. 1901 begann Eberhard Knopf am Spielbudenplatz mit Filmvorführungen in seinem Lichtspielhaus.

In den »goldenen Zwanzigern« des vorigen Jahrhunderts amüsierten sich die Menschen in zahllosen Theatern, Revuen und Tanzpalästen. Legendär war das Varieté Alkazar an der Reeperbahn.

Zurück zu diesen Wurzeln, das ist Corny Littmanns Traum. Ein gutes Stück ist er auf diesem Weg gemeinsam mit Freunden, die sich rund um die Reeperbahn angesiedelt haben, vorangekommen. Das Wort vom »kleinen Broadway« macht die Runde. Aber das reicht ihm noch lange nicht. Mit seinem Partner Norbert Aust bastelt er an einem Konzept für ein »Entertainment-Haus«, das eine städtische Gesellschaft am Spielbudenplatz bauen soll. Eine Kreativ-Fabrik für Theaterproduktionen, Film und Multimedia. Agenturen, Texter, Bühnenbildner, Handwerker, eine Schauspielschule, Regisseure sollen hier einziehen – und natürlich das Schmidt Theater.

Arbeit genug wird da sein. Denn Aust und Littmann haben mit der Reederei Seetours eine Produktionsfirma gegründet. Für die Theater von drei Kreuzfahrtschiffen soll Littmann das Programm machen, Musicals, Revuen, Multi-Media-Shows. »Das sind sehr viele kreative Herausforderungen. Ich gebe gerne zu, dass mir manchmal ein bisschen mulmig im Magen wird.« Es ist ihm wichtig die Menschen, mit denen er arbeitet, persönlich und mit Namen zu kennen. »Bei hundert Darstellerinnen und Darstellern pro Jahr wird das eng. Da muss ich neu lernen, mir neue Techniken aneignen.« Aber natürlich überwiegt der Reiz der Aufgabe, ganze Programme neu zu erfinden. Ganz nebenbei, er liebt Wasser, Meer und Schiffsreisen und wird nie seekrank. »Es ist wichtig für mich, dass ich einen positiven Zugang zu etwas haben muss. Wenn ich mir meinen Spaß zurechtbasteln muss, dann wird es ganz schwierig. Aber als dieses Angebot kam, hatte ich gleich Lust.«

Dass Corny Littmann es schafft, daran zweifelt auf dem Kiez niemand. »Der Corny ist kein Schnacker, er macht's.« Dagmar Hannegger, Mitbesitzerin der Trend-Bar Better Days Project in der Hopfenstraße, gleich um die Ecke vom Spielbudenplatz, ist überzeugt, dass er selbst in die Staatsoper frischen Wind hineinbrächte. Bei manchen Inszenierungen dort würden jetzt ja die Stühle herauslaufen.

»Sie werden lachen«, sagt Corny Littmann, legt die Stirn in Dackelfalten, die Augen blitzen und er schmunzelt, »ich habe tatsächlich den großen Wunsch, eine Oper zu inszenieren. Allerdings gibt es vieles, was mich davon abhält.« Haustarife und von den Gewerkschaften streng überwachte Vorschriften, Probenzeiten etwa. Er hat Informationen aus erster Hand, sein Freund singt im Chor der Staatsoper. Allein das Zulagenunwesen sei eine Lachnummer. Fürs Pfeifen gab es eine »Pfeifzulage«. Wenn der Chor sich rhythmisch bewegt oder hüpft, ist die »Tanzzulage« fällig. Und wenn der – international besetzte –

Chor Verdi im Original singt, zahlt die Oper eine »Fremdsprachenzulage«, natürlich auch an Italiener.

Solche Zustände würden ihn wohl in eine Sinnkrise stürzen. Wenn ihm seine Arbeit keinen Spaß mehr machte, würde er schnell damit aufhören, sagt er ohne jede Attitüde. Die leise Seite von Corny Littmann. »Ich verrate kein Geheimnis, wenn ich sage, dass ich mich einmal im Jahr, meist fernab im Urlaub, ernsthaft mit dem Gedanken befasse, ob ich denn überhaupt weitermachen will oder nicht. Oft ist es gesünder etwas zu beenden – im Beruf genauso wie in Beziehungen. Die schleppen sich über Jahre hin, dann trennt man sich und merkt, das hätte man viel früher tun sollen und beiden wäre es besser gegangen.« Bislang ist er jedesmal »sehr erfrischt« zurückgekommen. Es gab viele gute Gründe weiterzumachen.

Nicht zuletzt ist es St. Pauli – sein Dorf. Für ihn das aufregendste Viertel in ganz Deutschland. Wild, manchmal chaotisch, immer in Bewegung und aus Tradition international. Mehr als vierzig Prozent der Bewohner sind Ausländer, aber auf dem Kiez geht es tolerant zu. Es gibt hier so vieles, was es nur hier gibt. Nicht nur seinen Lieblingsfußballclub FC St. Pauli, auch das »Hamburg Leuchtfeuer«, das einzige Aids-Hospital der Hansestadt, nur durch Spenden finanziert und von den Anwohnern der Simon-von-Utrecht-Straße ausdrücklich begrüßt. »Und auch das Junkie-Café gegenüber der Herbertstraße ist«, so Littmann, »wohl nur auf dem Kiez eine Selbstverständlichkeit.«

Sein Dorfplatz ist die Esso-Tankstelle in der Taubenstraße, Ecke Spielbudenplatz. »Hier trifft sich das Dorf, hier kursieren die Gerüchte.« Beim Tanken, Wagenwaschen und im Shop. Die Tankstelle hat sich nämlich zum Supermarkt inklusive Bäckerei und Lottoannahme gemausert, 24 Stunden am Tag, 365 Tage im Jahr geöffnet.

Und wenn er zum nachmittäglichen Dauerlauf aufbricht – Corny Littmann sagt Dauerlauf, nicht Jogging –, um sein »Hüftgold« zu bekämpfen, dann wird er häufig zu einem kurzen Schnack angehalten. Es kennt eben jeder jeden im Dorf.

Hamburg zu Rad

Eine Tour zu Auwäldern, Mooren, Schiffen und Quakbüteln

Jede Wette gehe ich ein, dass – so ich jemanden auf Fahrradwegen durch Hamburg und um Hamburg herum mitnehme – derjenige streckenweise nicht ahnt, dass er sich in oder in unmittelbarer Nähe einer Millionenstadt befindet. Die zehn schönsten Fahrradtouren, gefunden und beschrieben von Lesern des *Hamburger Abendblattes*, bin ich gefahren. Freunde, Freunde, das ist städtisches Vergnügen pur. Gemächlich nebeneinander über eine der tausend Brücken, anhalten bei Sonnenschein an einem der Ausflugslokale an den Parks oder an der Alster auf ein Gläschen trockenen Weißwein, mit den Rennradlern plaudern, die als lila fluoreszierende Silhouette mit siebzig Stundenkilometern fahren, aber auch irgendwie Menschen sind. Wir thronen lieber auf der schwarzen Perfektion eines Hollandrades, mit wehendem, ausdrücklich nicht windschnittigem Schal. Zum Beispiel durch das Wittmoor und Rodenbeker Quellental in Poppenbüttel. Alle zwei Radminuten ändert sich die Landschaft, Moor, Wiesen, Wäldchen, durch die man sich auf schmalen Wegen schlängelt, Täler, Höhenrücken, Sandhügel – es ist alles da. Hamburg besteht noch immer aus vielen kleinen Dörfern, die durch Wege und Straßen miteinander verbunden sind, niemand merkt das so sehr wie ein Radfahrer. Im Stadtgebiet finden wir Naturschutzgebiete, in denen am Sonntag die Hunde und neue Mäntel spazieren geführt werden. Nicht nur der Alsterwanderweg lockt, es gibt einen, der ebenso grün, prall und baumbestanden ist und wunderbare Aussichten zu bieten hat, nämlich entlang der Wandse. Ein bisschen wirkt sie wie die östliche Alster für Arme, ruppiger sieht es ringsherum aus, mehr Industrie- als Villenlandschaft, aber auch hier locken Teiche zum Verweilen und verschlungene Pfade, seltene Vögel.

In den Vier- und Marschlanden auf der anderen Elbseite kann man sich noch, ehe alles mit neuen Autobahnen zerschlagen wird, Hamburgs Gemüse- und Obstkammern angucken, Äpfel und Kartoffeln stehen auf Marktständen an der Straße. Selbstbedienung. »Bitte legen Sie das Geld in die Kiste!« Im Estehof zu Estebrügge wird man einen Quakbütel (das ist eine im Meerwind an der Elbe aufgewachsene Ente) essen. Vorweg eine Hochzeitssuppe. Auf den Deichen fahren und Kirschkerne spucken, Elblandschaft betrachten im Seevetal. Oder auf der Bunthäuserspitze bei Wilhelmsburg sich die Stackmeisterei ansehen, die für die Instandhaltung der Deiche zuständig ist, und zum kleinen Leuchtturm auf der Spitze fahren und den Elbelauf verfolgen. Im Heuckenlock neben der Autobahntrasse findet man den letzten Tide-Auenwald Europas, mit Pflanzenarten, die es sonst nirgends mehr gibt. Die ehrwürdige, vierhundert Jahre alte Flatterulme nicht zu vergessen.

Von Wedel aus wäre die Haseldorfer Marsch zu erobern, nachdem man sich eine Woche lang für seine Firma krumm gelegt hat, endlich, endlich durchatmen und den Horizont befragen. Rund um den Flughafen gibt es eine herrliche Tour bis zu Hagenbecks Tierpark oder durch die Schwarzen Berge hinter Neugraben, wo man sich zeitweilig in Bayern wähnt. Hamburg hat eine Fülle von überraschenden Möglichkeiten, die nicht mehr kosten als eine HVV-Karte am Wochenende. Picknickrucksack auf dem Rücken. Meine Lieblingstour führt ein Stück über die Stadtgrenze hinaus hinter Ahrensburg an den Mönchsteich und den Großensee, mit Vergnügen an der Vorstellung, in den Wasserreserven der Hamburger ein heimliches Bad zu nehmen. Wenn du Mut hast und das kalte Wasser nicht fürchtest. Dann über Lütjensee zurück auf dem alten Eisenbahndamm, einer holprigen, von Wind und Frost gebuckelten, aber immer noch prächtigen Fahrradautobahn.

Wer nun partout nicht auf das Fahrrad steigen möchte, weil man beim Radeln nicht reden kann, der unternimmt eben einen Spaziergang. Von der Außenalster geht es durch den Alsterpark zur Binnenalster, vielleicht erzählt man sich, wie während des Krieges die Alster mit Planen verdeckt wurde, damit das Gebiet von den Bombern aus der Luft nicht so leicht ausfindig gemacht werden konnte. Dann machen wir Rast im Hotel Vier Jahreszeiten. In der Kaminhalle gibt es einen gediegenen Kaffee, mit einem Glas Wasser serviert, in den weichen Sesseln Ruhe. Frisches Holz auf dem Feuer wird vom Kellner nachgelegt. Weiter geht es am Jungfernstieg entlang, durch den Neuen Wall, anstrengend ist es hier, all diese Leute, die missmutig die überteuerte Ware betrachten. Ein kleines Täschchen liegt einsam im Fenster und kostet so viel wie ein Gebrauchtwagen in Harburg. Über die Fleetinsel geht es hoch zum Großneumarkt, dann quer über die Ost-West-Straße zum Michel. Hier, Wanderer, guckst du am gescheitesten im Antiquariat Pabel, was es für wunderbare Bücher gibt. Hörst Geschichten über Hochzeiten im Michel, heiraten zwischen Touristengruppen, Berichte über den Bettler im Kircheneingang, den sauber zu halten er als seine höchstpersönliche Aufgabe betrachtet, und der gerade ausprobiert hat, dass sein Hund, so er ihn im Eingang allein arbeiten lässt, einen besseren Stundenlohn erwirtschaftet als er selbst. Weiter geht es zum Mittagessen bei einem der Portugiesen am Hafen. Seezunge, ländliches Gemüse, handgeschnitzte Kartoffeln und roter, funkelnder Wein. Besser kann man einen Sonnabend in der Stadt kaum verbringen.

Der Admiral von der Elbchaussee

Peter Tamm – Verleger und Schiffsliebhaber

In Hamburg regnet es. Es regnet so, dass man seine Schuhe umdrehen und ausschütten muss. Über der Stadt ist eine stahlgraue, dicke Wolkendecke, festgezurrt wie eine schwere Persenning. In einem Hamburger Patrizierbau, dem ehemaligen Parkhotel Teufelsbrück an der Elbchaussee, steht Peter Tamm mit dem Fernglas am Fenster. »Hier oben«, sagt er, »ist das Wetter immer gut.«

Das Obergeschoss des Wissenschaftlichen Instituts für Schifffahrts- und Marinegeschichte bietet einen grandiosen Ausblick über die Elbe und von hier aus sieht man nicht nur Schiffe, »links die Reeperbahn – rechts Australien«, sondern auch zum ersten Mal an diesem lausigen Tag entdecke ich, dass da tatsächlich ein paar blaue Löcher in der Wolkendecke sind, Glanzlichter reflektierenden Sonnenlichts auf dem Fluss, Hafenanlagen vis-à-vis, Türme der Kläranlage Köhlbrandhöft und dann und wann ein Containerschiff. »Ein Schiff ist für mich heilig«, sagt Tamm, »wo immer ich eines entdecke, sehe ich hin.« Der »Admiral« weiß zu jedem etwas zu erzählen, sollte er es nicht kennen, kann er auch im griffbereiten »Lloyd's Register of Ships«, das sich an den Bücherwänden reiht, nachsehen.

Schifffahrt ist für ihn Mittelpunkt der Weltgeschichte, kein Welthandel, keine Geschichte denkbar ohne Schiffe, kein Kontinent wäre entdeckt worden. Ein Kuppelgemälde unter der Decke ist genau nach den Himmelsrichtungen angebracht. Ein Wikingerschiff weist nach Norden. Peter Tamm spricht gern in Merksätzen und zeigt sein Reich. Wie immer ist er perfekt als Hanseat gekleidet, in blauem Zwirn, mit gestärktem Hemd und einer brennenden Zigarre in der Hand. Ein Mann, der neugierig das Leben und genussvoll das Essen liebt.

Er deutet auf die Sitzgruppe und selbst jetzt, in tieferen Polstern, sieht man die Elbe, weil ein Teil der Balkonumrandung ausgespart wurde, Glas ist dort eingefügt, damit der Blick im Sitzen ungehindert über das Wasser gleiten kann.

Der einstige Chef des Axel-Springer-Konzerns ist Eigentümer der weltgrößten Privatsammlung zur Schifffahrtsgeschichte. Bis 1991 war die Sammlung, man mag es sich kaum vorstellen, noch in seinem Privathaus untergebracht. Als Tamm im Mai 1991 aus dem Verlag ausschied, erwarb er das 140 Jahre alte, prächtige Haus an der Elbchaussee, ließ es im Originalstil restaurieren und brachte auf dreitausend Quadratmetern und in dem großen Garten seine Sammlung unter. Hunderttausend Bücher, fünftausend Gemälde, dreitausend Filme, dreiundzwanzigtausend Schiffsmodelle, aber auch Uniformen, Alben mit Erinnerungen von Seeleuten, Briefe, unter anderen fünfzig von Lord Nelson, Menükarten von Schiffen, Kautabakdosen, Bleischuhe für Taucher und vieles mehr. Es gibt nautische Instrumente aller Art, Sextanten, Oktanten und Kompasse. Uniformen von Matrosen oder Admiralen, Rangabzeichen, Orden, Wasserbomben und Kanonenrohre. Ein altes Torpedoschnellboot der Nationalen Volksarmee der DDR liegt im Garten. Der Garten sieht überhaupt aus, als könnte Tamm dem Bürgermeister der Freien und Hansestadt Hamburg anbieten, ihm gegebenenfalls bei der Verteidigung der Stadt zu helfen.

Auf dem Kapitänstisch im Bibliothekszimmer liegt ein kostbares, altes Schwert mit einem aus Elfenbein geschnitzten Löwenkopf am Griff, Erbstück eines wehrhaften Vorfahren. Peter Tamm entstammt einer der ältesten Seefahrerfamilien Hamburgs. Von 1650 bis 1800 stellte man die Kapitäne von Konvoischiffen, die Begleitschutz für die Handelsmarine leisteten.

Auch der Vater fuhr zur See und Peter Tamm musste schon als Zehnjähriger in den Schulferien auf einem Fischkutter arbeiten. Gegen Ende des Zweiten Weltkriegs diente er als Seekadett auf dem Segelschiff »Gorch Fock«.

Nach dem Krieg heuerte er dann allerdings nicht als Seemann an, es gab damals wie heute in der Seefahrt wenig Berufsperspektiven, sondern als Journalist bei Axel Springer mit einer Manuskript- und Fotoserie über den Verbleib Hamburger Schiffe. Bald danach wurde aus dem freien Mitarbeiter ein Schifffahrtsredakteur beim *Hamburger Abendblatt*. Die Zeitung bekam als Motto einen Satz von Gorch Fock: »Mit der Heimat im Herzen die Welt umfassen.«

Von dieser Zeit erzählt Tamm mit großer Leidenschaft. Einmal hat er bei einem großen Unternehmen im Hamburger Hafen Werftverbot bekommen, weil er immer vor allen anderen Informationen veröffentlichte, die man dort nicht preisgeben wollte: Journalistenabenteuer. Er habe damals mit Vergnügen geblufft, erinnert er sich, und irgendwann hielt man ihn für allwissend. In diesem Beruf, davon ist Tamm überzeugt, darf man nicht dem schnöden Mammon hinterherlaufen, eine Zeitung ist eben nicht nur zum Geldverdienen, sie ist ein anderes Gut, verfügt über enorme Macht und soll Bürger informieren, und zwar so korrekt wie möglich. Darum müssen Zeitungsverleger ein anderer Menschenschlag sein als andere Unternehmer. Idealisten sollten sie sein.

1958 wechselte Tamm aus der Redaktion in die Verlagsleitung; dort ist eben in Verlagen die Kommandobrücke und nicht in den Redaktionen. Mit untrüglichem Machtinstinkt und Gespür für Großwetterlagen und seiner urwüchsigen Freude am Führen hat er viele richtige Weichenstellungen eingeleitet und sich nicht gescheut, sich irgendwo Feinde zu machen. Intrigen aller Art zu verbieten, war eine seiner ersten Direktiven an der Spitze des Axel Springer Verlags. Die Mannschaft hat ihn zuerst verspottet, eine Redaktion ohne Intrigen schien undenkbar, lächerlich, ein romantischer Traum.

Dann habe er das Glück gehabt, alsbald jemanden sozusagen in flagranti bei einer Intrige zu erwischen. Immens hoch gingen seinerzeit die Spekulationen über Tamms Einkünfte. Er lacht und erzählt, er habe den Kollegen mehrfach gedroht: »Irgendwann verklage ich euch auf die Differenz zwischen der Wirklichkeit und dem, was ihr schreibt …«

Die Stimme ist leise, gewöhnt, dass seine Befehle in jedem Fall gehört und befolgt werden. Dabei scheut er sich nicht, mit Worten zu donnern. Die Börse habe sich heutzutage in eine Spielhölle verwandelt. Neid sei zur Haupttriebfeder avanciert, die heutigen Manager an der Macht ein kaltes, seelenloses Volk.

Zu seiner Zeit gehörten noch Ideale dazu, Fleiß und Einsatzfähigkeit, während sich die nun nachrückende Generation in gemachte Betten gelegt habe. Verweichlicht, ohne je Härten erlebt zu haben, kaum fähig wirklich zu führen. Wie tröstlich zu hören, dass auch Sokrates sich ähnlich ereiferte: »Die Jugend liebt heutzutage den Luxus. Sie hat schlechte Manieren, verachtet die Autorität, hat keinen Respekt vor den älteren Leuten und schwatzt, wo sie arbeiten sollte. Die jungen Leute stehen nicht mehr auf, wenn Ältere das Zimmer betreten. Sie widersprechen ihren Eltern, schwadronieren in der Gesellschaft … und tyrannisieren ihre Lehrer.«

Peter Tamm holt die Texte aus dem Sekretariat nebenan, wo sie griffbereit für Besucher liegen. Ebenso wie ein Wort des Marcus Tullius Cicero, 55 vor Christus: »Die Leute sollen wieder lernen zu arbeiten, statt auf öffentliche Rechnung zu leben!« Als junger Redakteur sei er morgens um sieben Uhr am Schreibtisch gewesen, sagt Tamm, während seiner Zeit als Vorstandsvorsitzender um acht und seit dem so genannten Ruhestand, in den er sich versetzen ließ, nehme er sich die Freiheit, erst um neun Uhr am Schreibtisch zu sitzen.

Es war nicht einfach, mit diesem Arbeitsmenschen einen Termin zu vereinbaren, mit seiner kleinen einsatzfreudigen Crew aus 18 Mitarbeitern in seinem Institut stellt er einiges auf die Beine. Seine schnelle Kampftruppe nennt er seine Mannschaft. Sie soll der Sache dienen; den Erfolg, nicht das Geld anstreben. Einige Fachverlage gehören ihm, er sitzt in etwa einem Dutzend Aufsichtsräten, dazu kommen etliche Gremien und Beratungsverträge.

Im Institut selbst wird ein strammes Pensum abgearbeitet: Führungen, Ausstellungen, die Pflege der umfangreichen Sammlung. Unendlich viele Themen für Doktorarbeiten lagern noch ungehoben. Hier läuft für ihn alles zusammen. Geschichte ist Basis allen Weltverständnisses. Zusammenhänge können nur begriffen und vermittelt werden, die aus der Geschichte geschöpft sind. Und Geschichte ist hier bei Peter Tamm natürlich Seefahrtsgeschichte, die Symbiose jahrtausendealter Erfahrung – wissenschaftlicher, technischer, kaufmännischer, militärischer und künstlerischer. Es hat nie eine Weltmacht ohne Seemacht gegeben.

Im Regal zwischen wuchtigen Bänden stehen zusammengedrängt Bilder der Familie. Ein Porträtfoto einer fröhlich, gelassen und humorvoll wirkenden Ehefrau, vier Töchter, ein Sohn und inzwischen sieben Enkel. Gern behauptet er, er habe immer so viel gearbeitet, um dieser brüllenden Kinderbande zu entkommen. Die habe er seiner Frau überlassen.

Nur Entscheidungen, auch innerhalb der Familie, werden auf der Kommandobrücke gefällt. »Einer muss das Sagen haben«, heißt die Devise. Undenkbar, an Bord zu diskutieren, ob nun ein

Orkan anrollt oder nicht. Geschichte wird immer von Einzelpersonen gestaltet, davon ist Tamm überzeugt, allerdings von Personen, die stark sind, angreifen und sich verteidigen können und dem Land dienen. Dienen ist für ihn ein wichtiges Wort, leider auch aus der Mode gekommen.

Er guckt wieder auf den Fluss. Diese Weltwasserstraße namens Elbe. Sie spiegelt für den, der solche Zeichen entschlüsseln kann, Weltwirtschaft. Zur Zeit beobachtet Peter Tamm die Verlagerung des Schiffbaus nach Asien. Und zwar in einer gigantischen Geschwindigkeit. Europa hängt in allen Dingen hinterher. Europa wird – wenn es nicht aufpasst – überrollt von stärkeren Völkern. So wie andere Weltreiche untergingen, gescheitert an der eigenen Dekadenz. Wann das geschehen wird, das kann auch Peter Tamm der alten Elbe nicht ansehen.

Hamburg von unten

Das Abwassernetz – Hightech und 4400 Kilometer unterirdische Kanäle

Vermutlich tragen wir alle Landschaftsbilder der Welt in uns. Wir kennen Rom, Shanghai, Neu-Delhi oder Los Angeles. Eine Reihe heldenhafter und edler Pioniere hat schließlich bereits im letzten Jahrtausend die Strapazen des Reisens für uns übernommen und ihre Beobachtungen und Erfahrungen in Bildern und Beschreibungen niedergelegt. Es wäre eine absolut sinnlose Kraftvergeudung, wenn wir all diese Strapazen wiederholen wollten, wenn man die Sache auch ohne Anstrengung und ohne jeden Ärger genießen kann. Dies gilt erst recht für einen Ausflug in die Unterwelt, den Bauch und die Gedärme einer Stadt. Kommen Sie ruhig mit. Papier stinkt nicht.

Unter der U-Bahnstrecke am Hafen, zwischen Rödingsmarkt und Landungsbrücken steht ein winzig kleines Häuschen, das ein wenig an ein Teehaus erinnert mit seinem chinesisch geschwungenen Dach. Als das Kanalisationssystem von Hamburg noch neu war, benutzte man es als feudalen Einstieg in die Unterwelt. Über der Tür steht in verschnörkelter Schrift »Sielwesen«. Man geht hinein und dann eine winkelige Treppe hinunter. Feuchte Wärme schlägt aus dem Kloakenaquädukt nach oben. In der Wölbung des Kanalbodens fließt ein brauner Wildbach, verschwindet in der Dunkelheit, in den Adern der

Finsternis. Filmkulisse, wo ist der dritte Mann? Zwischen 1871 und 1904 ist dieses Gewölbe unter dem Baumwall gebaut und in Betrieb genommen worden. Es ist so groß, dass man mit einem Boot durchfahren kann. Noch in den zwanziger Jahren des letzten Jahrhunderts war das eine Attraktion, die man hohen Gästen der Stadt anbot. Das Sielwesen der Hansestadt ist seitdem immer weiter ausgebaut, erweitert und verbessert worden. An manchen Stellen in der Stadt sind in den letzten Jahren regelrechte Hochhäuser unter der Erde versenkt worden. Und wie alle großen europäischen Städte, London, Paris, Wien oder Rom, hat Hamburg seine eigene Unterweltgeschichte. Schon in der Antike gab es eine Unterwelt. Plinius notierte, Rom sei eine schwebende Stadt, die Hügel untergraben von unterirdischen Kanälen. In der Ewigen Stadt kann man noch das klassische Denkmal der Kanalisation besichtigen: die Cloaca Maxima. Der Hauptkanal des römischen Abwassersystems war sogar schiffbar. Geweiht war die Cloaca Maxima der schönsten Göttin, der Venus, von der es heißt, sie sei aus Schaum geboren. Venus, die Göttin der Liebe, war also einmal die Schutzpatronin der Abwasserleute.

In den mittelalterlichen und frühneuzeitlichen Städten ging das Wissen um Kanalisationssysteme verloren. Die Präsenz des individuell und gesellschaftlich produzierten Abfalls, von Verwesung und Tod im Mittelalter ist legendär. Erst in der zweiten Hälfte des 19. Jahrhunderts gelang in den europäischen Städten die Durchsetzung der hygienischen Toilette. Die Misere stank inzwischen geradezu atemberaubend zum Himmel. Das Problem der stinkenden Städte war seit dem späten 18. Jahrhundert immer mehr zum Ärgernis geworden. Und dann zwangen verheerende Cholera-Epidemien 1832 und 1848 die europäischen Kommunen zu städtehygienischen Reformen. Unterirdische Stadtlandschaften aus Kanälen, Stollen und Gängen entstanden. Mit Neugier und Schauder betrachteten die Menschen diese Unterweltkultur. Eugène Sue beschrieb 1843 in seinen »Geheimnissen von Paris« die Stadt von unten. Charles Dickens und Honoré de Balzac berichteten aus den »Bäuchen« der Metropolen. Victor Hugo lässt in seinem Roman »Die Elenden« den Helden vor der Polizei durch das Kanalisationsnetz flüchten. Touristen besichtigten 1890 scharenweise die Kanalisation von Paris, der damaligen Hauptstadt des unterirdischen Städtebaus, durchlöchert wie ein Schweizer Käse. In Wien entdeckte die Polizei um die Jahrhundertwende eine Räuberhöhle im Abwassersystem und veranstaltete eine Menschenjagd unter Tage, bei der sich herausstellte, dass ganze Gruppen dort in Schmutz und Gestank lebten. In London gab es zur Mitte des 19. Jahrhunderts ein unterirdisches System mit mysteriösen Ein- und Ausgängen, Katakomben, Falltüren und Ratten. Abenteuerliche Geschichten wurden erzählt über Personen, die sich in diesem Labyrinth verliefen und qualvoll an Erstickung oder an Hunger starben. Neben den offiziellen Kanalarbeitern, die mit Reinigungs- und Wartungsarbeiten beschäftigt waren, gab es Menschen, die heimlich unter der Stadt ihr Geld verdienten. Zwischen Tausenden von Ratten und einem zeitweise bedrohlich ansteigenden Wasserspiegel durchwühlten so genannte »Kanaljäger« die Abwasserkanäle nach Wertgegenständen. Zu der begehrten Beute gehörten Silberzeug, Münzen oder gar Juwelen. Auch Knochen und Papierfetzen wurden mitgenommen und verkauft. So etwas heute unter Hamburg zu tun, käme dem Versuch gleich, auf der A 7 zu zelten.

In einem Bericht über die Gesundheitsverhältnisse Hamburgs im 19. Jahrhundert ist nachzulesen, wie es in der Stadt zuging, bevor ein neues Sielnetz gebaut wurde. Ein Teil der Fäkalien wurde von so genannten »Kummerwagen« abgeholt. Die kamen selten und unregelmäßig. Sie fuhren unbedeckt, so dass sie einen Teil ihrer ekelhaften Fracht unterwegs verloren. Bei anhaltendem Frost sammelte sich dieser Unrat in der Gosse und man ging über eine höckerige, dicke Masse von gefrorenem Kot. Bei Tauwetter waren diese Gänge dann kaum noch zu begehen. Die Abgänge aus den an die offenen Wasserarme grenzenden Häusern, fielen aus den »Lauben« unmittelbar in die Fleete, aus denen auch das Nutzwasser geholt wurde. Während der Trockenzeiten staute sich in den Stadtgräben eine abscheulich stinkende Masse, die erst bei starken Regenfällen in die Alster oder die Elbe abfloss. Die Behörden hatten Mühe, gegen die Neigung der Bevölkerung zu kämpfen, Flusswasser zu Genusszwecken zu verwenden. Immer wieder kam es zu Typhusfällen. Es gab große Plakate mit der Aufschrift: »Trinkt kein unfiltriertes oder ungekochtes Elbwasser!« Wasserträger teilten in der Stadt Quellwasser aus. Aber manchmal sollen auch sie das Wasser der Einfachheit halber rasch aus dem Stadtgraben oder der Alster entnommen haben. 1842 – nach der großen Brandkatastrophe in Hamburg, als der zerstörte Stadtkern neu gebaut werden musste, war die Gelegenheit auch für den Sielbau günstig. Der Engländer William Lindley wurde in Hamburg zu einem Pionier der technischen Hygiene. Er entwarf ein Kanalisationssystem, für das er Erfahrungen aus London und Paris nutzen konnte. In die Siele sollten nun nach seinem Plan alle festen und flüssigen menschlichen Abfälle aus den Wohnungen und Betrieben durch die dazu einzuführenden Spülaborte mit Wasser abgeschwemmt werden und zusammen mit dem Regenwasser in natürlichem Gefälle stadtabwärts der Elbe zufließen. Als Sicherheitsventile dienten so genannte Notauslässe, die das durch Regenwasser möglicherweise angeschwollene und verdünnte Abwasser in benachbarte kleine Wasserläufe übertreten ließen. Nach diesem System funktioniert die Stadtentwässerung im Prinzip noch heute. Besonderen Wert legte Lindley darauf, Ablagerungen und Fäulnis in den Sielen durch eine hohe Fließgeschwindigkeit zu vermeiden. Die Siele erhielten daher ovale Formen mit runder Sohle und glatten Wandungen aus hart gebrannten Backsteinen. Geschickt hat Lindley in seinem Entwurf die schwierigen örtlichen Verhältnisse in Hamburg mit Ebbe und Flut berücksichtigt.

Seit dem Abschluss des letzten Stammsielbaus 1904 wurden Untersuchungen über den Zustand des Elbwassers gemacht. Der Bau von Einzelkläranlagen war im Gespräch, aber auch eine Aufbereitung aller Abwässer in einem zentralen Klärwerk. Schließlich hielt man es für die beste Lösung, alle Siele bei der Hafenstraße zusammenzuführen, mit einer gemeinsamen Ausmündung in die Elbe. Ein mechanischer Rechen, eine Art Sieb, fischte die groben Verschmutzungen ab und dann waren da noch die großen Stemmtore zum Schutz gegen Hochwasser. Schon kurz nach der Jahrhundertwende gab es immer wieder besorgte Umweltschützer, die vor einer zu starken Belastung der Elbe warnten. In verschiedenen Gutachten wurde die Selbstreinigungskraft der Elbe überschätzt.

Das Sielnetz musste dagegen mit der wachsenden Großstadt Hamburg immer weiter mitwachsen. Heute kann man sich nur noch schwer vorstellen, wie solche Arbeiten damals mit primitiven technischen Mitteln ausgeführt werden konnten. Ohne Druckluft, nur mit bergmännischer Getriebezimmerung. Durch das Groß-Hamburg-Gesetz von 1937 vergrößerten sich das Gebiet der Hansestadt und die Einwohnerzahl beträchtlich. Die einzelnen Stadtteile entwässerten noch in die kleinen Seen und Bäche, wurden nun aber auch an die hamburgischen Stammsiele angeschlossen. Von 1948 bis 1978 wuchs das Sielnetz um weitere 2550 Kilometer auf 4400. Wer sich das heutige, natürlich hypermodern über Computer gesteuerte Abwassersystem von Hamburg ansehen möchte, kann das in der Hafenstraße, kurz hinter den Landungsbrücken, im Informationszentrum der Stadtentwässerung tun. Dort sind Modelle aufgebaut, an denen selbst

Laien für einen Moment dieses komplizierte System verstehen, das an einen Rangierbahnhof erinnert, mit Schiebern, Rückhaltebecken und Abwassersteuerungssystemen. Und wo wir schon bei den Empfehlungen für den neugierigen Stadteroberer sind: In demselben Gebäude ist auch das skurrilste Museum der Stadt. Angestellte der Stadtentwässerung haben Gegenstände, die irgendwann aus dem Abwasser gefischt worden sind, zum Grundstock einer Ausstellung gemacht. Brillen, Brieftaschen, Reizwäsche, Schmuck und Gebisse in allen Größen. Wer mag sich da elend über die Kloschlüssel gebeugt und »nie wieder Alkohol!« geschworen haben? Phallussymbole sind in einem Puppenbettchen schamhaft unter einem bestickten Tüchlein verborgen und künden nicht nur vom Humor der Mitarbeiter der Stadtentwässerung. Über viele Dinge, die in das Abwasser geraten, lacht hier allerdings niemand mehr und auch die kleine, verrückte Ausstellung dient letztlich der Aufklärung in einer Gesellschaft, in der Unappetitliches, Schmutz und Gestank gedankenlos nach unten verdrängt werden.

Wem das Modell nicht genügt, sondern nach Abenteuer zumute ist, braucht schon gute Kontakte zur Hamburger Stadtentwässerung. Vor dem Abstieg in die Unterwelt muss gründlich gelüftet und die Gaskonzentration unter Tage gemessen werden. Wir befinden uns am Kuhmühlenteich, östlich der Alster, in Hohenfelde, wo Arbeiter eine Betonplatte geöffnet haben und messen. Dann geht es über eine schmale Stahlleiter nach unten. Dort steht man dann in einem imposanten, riesigen Gebäude, eine Treppe führt weiter nach unten. Beeindruckende Wassermassen rauschen hier unter der Erde im Sammlerschacht zusammen. Er ist nicht mehr wie seine Vorläufer aus Backsteinen gemauert, sondern aus Beton, der mit Kunststoffglasfaserplatten ausgekleidet wird. Glasfaser hat sich als Korrosionsschutz gegen aggressive Abwässer bewährt. Über eines der Geschosse quillt plötzlich eine gewaltige Wasserflut. Mittagspause in der Oberwelt.

Ein Blick in die Unterwelt macht bescheiden. Abwasser kümmert sich um keine Politik. Es ist immer da und niemand kann es abstellen. Kein Regierungswechsel, nicht mal eine Umwandlung zur Monarchie könnte das mehr als ein Jahrhundert lang gewachsene Abwassersystem umstürzen. Unter der Stadt gibt es noch eine Stadt, die offenbar rationaler und effektiver geplant und gebaut ist, als die Stadt an der Oberfläche. Die Kanalisation ist ein unsichtbarer, aber beneidenswert sinnvoller Arbeitsplatz und die Mitarbeiter der Hamburger Stadtentwässerung sind stolz auf das, was sie dort unten leisten. Oben auf der Straße gehen Bewohner und Besucher der Stadt spazieren, ohne zu ahnen, welche Ströme unter ihren Füßen fließen. Nur wenige hören hier am Kuhmühlenteich das seltsame Rauschen und Gurgeln unter ihren Füßen. Aber wer einmal dort unten hineingeguckt hat, betrachtet jeden Gully mit völlig neuem Interesse. Ein Gang durch die Stadt mit dem Abwasserblick. Plötzlich entdeckt man überall in den Straßen die gelben Wagen der Stadtentwässerung. Sie reinigen die

Trummen und Siele. Der Schlamm wird abgesaugt und die Leitungen werden durchspült. Das Sielnetz zur Beseitigung der Großstadtbrühe, die vom Rinnsal zum reißenden Fluss wird, muss lückenlos organisiert sein, um zu funktionieren. Auf einer Übersichtskarte sieht das System wie ein riesiger Baum mit einem Wirrwarr von Ästen, Astgabeln und Stämmen aus. Es ist für das Überleben in der Stadt so wichtig wie für den Menschen seine Nieren. In Hamburg haben Ingenieure, Techniker, Handwerker, Arbeiter, Wissenschaftler und Erfinder die Ärmel hochgekrempelt und sich mit aller verfügbaren technischen Intelligenz und physikalischem Genie an die Arbeit gemacht. Abwässer sind gerecht, es wird sie immer geben. Und immer werden Menschen gebraucht, die sie ableiten, die Kanäle inspizieren, ausbessern und erneuern. Sie unterhöhlen den Boden unter unseren Füßen, damit wir darauf leben können. Sie decken ihre Arbeit wieder zu, niemand sieht sie, aber ohne diese Arbeit könnten wir nicht einen Tag in der Stadt existieren.

Torte auf dem Kirchturm

Besuch in Hamburgs höchstem Café

Kaffee zu genießen, ist in Hamburg schon lange Brauch. Schon 1668 wurde im Eimbeckschen Haus zum ersten Mal das belebende Getränk serviert. 1677 eröffnete ein Engländer an der Trostbrücke ein Kaffee- und Teehaus, gefolgt von einem Niederländer. Die Geschäfte liefen prächtig. Die Kaffeesteuern füllten den Stadtsäckel, die Kaffeehaus-Konzessionen kosteten bis zu dreihundert Mark Courant jährlich. Ein Hamburg-Besucher bemerkte 1705 über die neue Leidenschaft der Hanseaten, »man siehet itzt die Coffeehäuser überall so von Menschen angefüllet, dass sie angepfropft zu sein scheinen«.

Die Liebe zu den gerösteten Bohnen ist geblieben. Der Hamburger Freihafen wurde zu einem Zentrum des Weltkaffeehandels. Und in der Stadt gibt es zahlreiche Cafés, wo die Traditionen hochgehalten werden. Etwa den Alsterpavillon am Jungfernstieg, das Café Schöne Aussichten im Alten Botanischen Garten, das Café Fees im Museum für Hamburgische Geschichte und das Café Lindtner in der Eppendorfer Landstraße, wo nachmittags auch ein Glas Champagner schmeckt.

Doch am allerschönsten sitzt man im Café im Himmel, im Turm der St.-Jacobi-Kirche in 84 Meter Höhe, direkt über der goldenen Turmuhr. Die Innenstadt liegt zu Füßen. Der Blick geht weit über Alster und Elbe. Die großen Containerfrachter sehen von hier wie Spielzeugschiffe aus. Vor den drei hohen Fenstern nach Westen hin ist das Kuchenbuffet aufgebaut – unwiderstehliche Träume aus Eierschnee, Sahne und Zucker, Obst-, Käse-, Sacher- und Baisertorten, Pflaumen- und Apfelkuchen vom Blech. Verführerisch und lecker, und alles selbst gebacken von der Helferschar des Himmlischen Cafés.

Die Idee zu dem ungewöhnlichen Projekt hatte Heidi Ehrhardt – aktives Gemeindemitglied von St. Jacobi und inzwischen pensionierte Lehrerin für Deutsch, Geschichte und Religion – Mitte der achtziger Jahre. Sie sang damals im Kirchenchor. Nach Probenschluss am Abend kam es häufig vor, dass sie nur mit Mühe die Kirchentür aufdrücken konnte. Davor hatten sich nämlich schon Obdachlose mit ihren Schlafsäckchen gelegt. »Das war natürlich peinlich. Ich habe dann gesagt: ›Entschuldigung, dürfen wir mal durch Ihr Schlafzimmer?‹« Es gebe ja viel Elend in der Welt, aber hier habe es buchstäblich vor der eigenen Tür gelegen. Der resoluten Christin war klar, dass etwas passieren musste. Im September 1986 fand in Hamburg ein »Fest des Glaubens« statt. Aus diesem Anlass öffnete sie zum ersten Mal das Turmcafé in St. Jacobi. Es wurde eine Erfolgsgeschichte.

Dabei ist der Aufstieg alles andere als gemütlich. Zunächst sind 93 Stufen zu erklimmen, vorbei an dunklen Backsteinwänden, an denen Ölbilder mit ernsten Herren im Talar hängen, die streng auf die Besucher blicken. Zur Belohnung geht es dann von der dritten Etage per Fahrstuhl nach oben. Wenn sich die Türen wieder öffnen, fällt der Gast gleichsam ins Kuchenbuffet. Gut dreißig Quadratmeter ist der Raum rund um den Fahrstuhlschacht groß. Platz für sechs runde Tische und vierundzwanzig weiße Plastiksessel. In jede Himmelsrichtung drei hohe Fenster. Wer mag, kann zwischen zwei Tortenstücken das Panorama auch vom Umgang des Turms im Freien genießen.

Anfangs hat Heidi Ehrhardt im Kirchenchor eine Liste herumgehen lassen, in die sich alle eintragen konnten, die Torten stiften oder im Turmcafé helfen wollten. Etwa vierzehn Tage Vorbereitung braucht sie heute für eine Tortenschlacht. Mit einer Checkliste behält sie stets die Übersicht. Sie hat ein »Stammpersonal« von dreißig Helferinnen zwischen zehn und fünfundsiebzig Jahren. Die Hälfte davon ist pro Einsatz vonnöten – für den Kuchenverkauf, Getränkeausschank, das Kaffeekochen, Kassieren, Abservieren und Abwaschen. Dazu kommen zwei Obdachlose, die sich als Helfer ein paar Euro verdienen können. Sie müssen sauber, pünktlich und nüchtern antreten und bekommen ihr Geld erst, wenn am Ende alles wieder abgebaut ist, auch unten auf der Straße die Reklameschilder. Denn es ist anfangs vorgekommen, dass die Männer bei zu früher Entlohnung einfach verschwanden. Mit Heidi Ehrhardt ist da nicht zu spaßen. Ihre Anweisungen kommentieren die Helfer halb respektvoll, halb spöttisch mit: »Ja, ja, ist in Ordnung, Chefchen.«

Dreißig Torten braucht sie mindestens für einen Tag. Zwei steuert sie immer selbst bei, drei bis vier bekommt sie von Nachbarn in Reinbek und noch einmal so viele holt sie auf ihrer Fahrt mit dem Auto in die Hamburger Innenstadt von Spendern ab. Inzwischen bekommt sie viele Kuchen auch von Leuten gestiftet, die mit der Gemeinde gar nichts zu tun haben. »Die finden einfach die Idee gut, auf diese Weise Geld für die Obdachlosen zu sammeln.«

Unterstützt haben sie im Laufe der Jahre unter anderem den »Mitternachtsbus« der Diakonie und die »Mobile Hilfe« der Caritas. Da bringen Freiwillige Essen, heiße Getränke und warme Kleidung; Krankenschwestern und Ärzte versorgen nachts Obdachlose medizinisch. Die »Oase« und das »Herz As« – Tagesstätten für Wohnungslose, die geheizte Räume, Waschgelegenheiten und Essen bieten – und Straßenkinder in Hamburgs Partnerstadt St. Petersburg wurden unterstützt.

Ein Renner am Kuchenbuffet im Turmcafé ist Heidi Ehrhardts Philadelphia-Torte. Man nehme:

400 Gramm Philadelphia-Käse
200 Gramm Löffelbiskuit
125 Gramm Butter
Zweimal Zitronengötterspeise
500 Gramm Schlagsahne
Saft einer Zitrone
2 Esslöffel Vanillezucker
6 Esslöffel Zucker.

Götterspeise kochen, Biskuit zerbröseln, Butter schmelzen. Philadelphia-Käse, Zitronensaft, Vanille und Zucker verrühren. Sahne steif schlagen und zur Käsecreme geben, die Götterspeise unterheben. Circa zwei Drittel der Biskuitbrösel als Boden in eine gefettete Springform geben. Käsecreme darauf verteilen, den Rest der Brösel als Oberfläche verstreuen. Torte im Kühlschrank mehrere Stunden kalt werden lassen.

Ab zehn Uhr laufen hoch oben im Turm die Vorbereitungen. Kaffee muss gekocht, Tee aufgebrüht, Torten und Blechkuchen müssen geschnitten, Tische und Stühle aufgestellt und das Café mit Blumen dekoriert werden. Ein Segen, dass es jetzt eine Wasserleitung gibt und neue Elektroleitungen verlegt wurden, früher flog ständig die Sicherung heraus. Mit Glockenschlag zwölf öffnet das Café im Himmel. Unten in St. Jacobi, der Hamburger Hauptkirche von 1255, beginnt dann ein kleines Orgelkonzert und Kirchenmusikdirektor Rudolf Kelber erklärt bereitwillig die Arp-Schnitger-Orgel, ein Juwel aus dem Barock. Was gern genutzt wird, denn die Schlangen vor dem Fahrstuhl sind häufig lang. Ist das Café ausgebucht, dürfen nur soviele Gäste hinauf, wie herunterkommen. Und an warmen Sommertagen braucht der Fahrstuhl auch mal eine Pause, damit er nicht heißläuft.

Heidi Ehrhardt ist es nur recht, wenn ordentlich Trubel auf dem Turm ist. Dann freut sie sich schon am Nachmittag auf den Moment, wenn sie abends zu Hause Kassensturz machen und ihren Mitstreiterinnen am Telefon neue Rekordeinnahmen melden kann. Im Jahr 2000 hat das Turmcafé die Marke von fünftausend Euro netto überschritten.

Seit Jahren wird sie von Leuten gefragt: »Warum machen Sie nicht jeden Tag auf? Sie könnten da oben doch auch Sekt und Hummer verkaufen.« Das ist nämlich das einzig Negative am Café im Himmel: Es ist von Mai bis Oktober jeden ersten Samstag im Monat von zwölf bis siebzehn Uhr geöffnet. Im Winter ist es mangels Heizung zu kalt in 84 Meter Höhe. »Es soll ja etwas Besonderes bleiben«, antwortet Heidi Ehrhardt auf solche Fragen. Mehr könnten sie und ihre Mannschaft wohl auch gar nicht schaffen.

Nehmen Sie Ihren Kalender und kreuzen Sie sich schon mal die nächsten Termine an.

Wo Kunden noch König sind

Eine Tournee durch hanseatische Traditionsgeschäfte

Das Geschäft hat so gar nichts glamouröses, kein Marmor, kein Pomp. Sieben Stufen muss der Kunde erklimmen, ehe sich die Ladentür öffnet. Modernen Verkaufsstrategen wird übel bei der Vorstellung, wo doch jeder Treppenschritt ein Umsatzkiller ist. Und trotzdem, für Kochbegeisterte und Profiköche ist das Hochparterre im Haus Mittelweg 125 ein Paradies – »Gebr. Jürgens Haushaltswaren«. Eine Insel der Unverwechselbarkeit im Meer der Ladenketten, die immer mehr Städte wie gestanzt wirken lassen. Eine Oase von Warenkenntnis und Kundendienst in der Servicewüste. Ja, es gibt sie gottlob noch, die Läden, wo engagierte Inhaber mit guten Ideen und besonderem Angebot für ihre Kunden da sind. Häufig schon seit Generationen.

Man findet sie auf einem Spaziergang durch die Stadt, auf einem Einkaufsbummel jenseits der üblichen Trampelpfade. Es geht den Mittelweg entlang, vorbei am Tennisstadion Rotherbaum, wo einst Boris Becker Triumphe feierte und Monica Seles von einem Steffi-Graf-Fan mit dem Messer attackiert wurde. Der Mittelweg ist eine jener Straßen mit Kopfsteinpflaster, von denen es ja in Hamburg heißt, dass es dort immer ganz gediegen sei.

Als Großvater Jürgens 1889 hier sein Fachgeschäft für Haushaltswaren eröffnete, weideten gegenüber noch Kühe und eine Pferdebahn rumpelte über die Straße. Das Credo der Inhaber hat sich seitdem nicht verändert. »Hochwertiges gegen Massenware. Qualität ist zwar teurer, aber auf Dauer viel preiswerter. Das muss man den Leuten nur vermitteln«, sagt Wibke Jürgens, die seit 1960 das Geschäft führt. Viele Hamburger sind schon seit Generationen Kunden. An der Wand des kleinen Büros im Laden hängen Hochzeitsfotos von Brautpaaren, die hier ihre Wunschlisten ausgelegt hatten. Ebenso langfristig sind die Geschäftsbeziehungen zu den Lieferanten. Mit dem französischen Produzenten bester Gusseisentöpfe und -pfannen Le Creuset ist man seit 1955 verbunden. In vier langen Regalen werden Artikel im klassischen Ofenrot präsentiert, die es so umfangreich sonst in Deutschland nicht gibt, bis hin zum Kochbuchhalter aus Gusseisen und Kochlöffeln aus Kunststoff, die keine Pfanne zerkratzen und bis dreihundert Grad Celsius hitzebeständig sind. »Ich möchte gern komplette Serien zeigen können«, sagt die Chefin. Sie hat auch die ausgefallensten Dinge auf Lager. Denn: »Den Kunden zu sagen, das kann ich besorgen – das schätze ich überhaupt nicht.« Im Angebot sind neben Töpfen und Pfannen Toaster, Holz- und Kunststoffbretter, zahllose Pfeffermühlen, natürlich mit Peugeot-Mahlwerk, Gläser, Eierlöffel aus Plastik oder Horn, Karaffen, Filter, Schrubber, Messbecher, Pommes-frites-Schneider, Spargelschäler, Glühbirnen, Korkenzieher, Nudelroller, Ringe für runde Spiegeleier, Teppichmesser, Thermoskannen, Schürzen, Handtücher, Servietten, Kettenhandschuhe, Filzgleiter für Stuhlbeine, Werkzeug und Schrauben. »Jeder im Laden muss die Ware genau kennen, um die Kunden bestens beraten zu können«, sagt Wibke Jürgens. Neffe Oliver, gelernter Industriemechaniker mit Erfahrung in der Luft- und Raumfahrttechnik und nun auch im Geschäft, ist Experte für japanisches Kochgerät. Er weiß alles über Kochmesser aus Nippon. Zum Beispiel sollte man sie immer am Stein schleifen und nicht am Wetzstahl. Denn der Stahl der Messer ist so hart, dass man nur den Wetzstahl schärfen würde. Wibke Jürgens kocht sehr gern, nicht nach Rezept, sondern aus dem Gefühl heraus. Und deshalb weiß sie, dass Kochen eine sinnliche Sache ist. »Es ist wichtig, dass man die Dinge gern anfasst, ob nun Holzbrett oder Messergriff.« Aus der Praxis kommen denn auch die Anregungen für neue Produkte, die sie an ihre Lieferanten weitergibt. Eine mit Titan beschichtete Wok-Pfanne ist so entstanden. Eine Metallfabrik in Thüringen hat die Idee aufgegriffen. Es ist ein Verkaufsschlager geworden.

Wir biegen vom Mittelweg nach links in die Milchstraße ab, die feine Meile von Pöseldorf. Hier hatte einst Jil Sander ihr Stammgeschäft, von hier aus startete sie ihre Weltkarriere. Vorbei, tempi passati. In dem Eckladen werden jetzt Antiquitäten feilgeboten. Und Jil Sander ist eine Ladenkette geworden, elend teuer zwar, aber kalt und austauschbar. Gehen wir lieber geradeaus in Richtung Alster, an der Galerie Levy vorbei und an der Musikhochschule den Hügel hinunter. Der Weg an der Außenalster ist ein Muss für die Hamburger. Sie sagen es sich gern immer wieder selbst und zeigen es voller Stolz ihren Gästen: So schön ist es bei uns. Wir meiden den Lärm der Hauptverkehrsadern, unterqueren Kennedy- und Lombardsbrücke und erreichen die Binnenalster und den Neuen Jungfernstieg. Im Alsterpavillon lässt sich gut verschnaufen und das Panorama genießen. Weiter zum Neuen Wall. Stopp bei No. 11. Die paar Treppenstufen sollten Sie sich gönnen für das hanseatischste Bekleidungshaus Ladage & Oelke.

So englisch geht es kaum in England zu. Aber dort finden selbst Ortsfremde automatisch hin. Wir biegen nach links, lassen Valentino und Hermès ebendort liegen, überqueren den Rathausmarkt, passieren die Börse und schon erreichen wir in der Großen Johannisstraße 15 einen weiteren Solitär der Hamburger Geschäftswelt: die Firma Ernst Brendler, Marine- und Tropenausrüstungen. Mit eigenen Kreationen beleben die Inhaber seit jeher das Geschäft. Mitte der siebziger Jahre hat der Vater der heutigen Inhaberin in Zusammenarbeit mit dem Hamburger Tropeninstitut etwa einen speziellen Safaristiefel entwickelt. Der hohe Schaft schützt gegen Dornen und die etwa fünfzig Zentimeter langen Vipern, die gut getarnt im Sand liegen und zubeißen, wenn ihnen jemand zu nahe kommt. Der Schuh ist ungefüttert (kühl) und hat eine leichte Profilsohle, damit er griffig ist. Wegen der geschlossenen Staublasche unter den Schnürbändern dringt kein Sand ins Innere. »Diese Schuhe haben sich in der Praxis bestens bewährt«, sagt Ingrid Osthues, seit 1994 Prinzipalin in dem Laden schräg gegenüber der Börse. Manchmal hat sie das Gefühl, »dass wir Dinosaurier sind« in der

Welt von Franchise, Global-Design und Marketing. Aber immerhin höchst lebendige. Ihr Urgroßvater hat die Firma 1879 als Uniform- und Maßschneiderei in Hafennähe gegründet. Bis 1975 residierte man in der Admiralitätsstraße 1. Spezialität des Hauses waren luftige Baumwolluniformen in Weiß und Khaki für Schiffsbesatzungen, die in die Tropen fuhren. Als mehr und mehr Frachter ausgeflaggt wurden und nur noch Kapitän, Erster Offizier und Erster Ingenieur Deutsche waren, schrumpfte der Umsatz rapide. »Wir brauchten neue Kunden. Immer mehr Kaufleute, Börsianer, Banker fuhren in die Tropen, die konnten wir am neuen Standort ideal ansprechen.« Zuvor hatten in den beiden Schaufenstern so attraktive Dinge wie Schläuche und Gummidichtungen gelegen. Ernst Brendler lockte nun mit Tropenhelmen, rollbaren Panamahüten, Moskitonetzen, Safarianzügen, Tropenmützen mit Nackenschutz. Kunstvoll dekoriert auf Wüstensand neben Pfeilen und Köchern, Papageien und kleinen Krokodilen, einem Kaktus und Wüsten- und Savannenfotos an den Wänden. Inzwischen hat sich der Kundenkreis enorm erweitert. Der Laden ist bundesweit als Fachgeschäft für Tropenkleidung bekannt. Viele Diplomaten und Repräsentanten von Konzernen in Übersee kaufen und bestellen bei Ingrid Osthues. »Um die Weihnachtszeit kommen viele nach Hause und suchen sich dann neue Sachen aus.« Im Auswärtigen Amt in Berlin sind die Hamburger gut bekannt, die Diplomaten lassen sich ihre Order mit der sicheren Kurierpost schicken, normale Pakete gehen zu oft verloren. Auch im Internet ist Tropen-Brendler mit einer Homepage vertreten. »Man muss mit der Zeit gehen. Langsam tut sich da was.« So bestellen Kölner Jecken Matrosenmützen und Marinehemden, auch Tropenhelme sind als Karnevalsausrüstung beliebt.

Eine Spezialität des Hauses sind uniformähnliche Leinenanzüge. »Mein Vater und ich haben uns damit länger beschäftigt. Man wusste aus Erzählungen, dass der Aga Khan Leinen getragen hat, weil es so schön kühl war. Die Holländer haben ihre Soldaten in den Kolonien mit Leinenuniformen ausgestattet. Bei uns war es früher üblich, im Sommer Leinenbettwäsche zu benutzen.« Aus dem Experiment wurde ein Erfolg.

Neues wagen und die Traditionen bewahren, das ist auch in der vierten Generation das Geschäftsprinzip. Die Ladeneinrichtung, lange Eichenregale, zum Teil mit Schiebefenstern gegen Staub geschützt, stammt noch aus der Admiralitätsstraße. Die Schubladen haben blinkende Griffe, auf dem Boden liegen Perserbrücken. »Keine Kompromisse bei der Qualität, das ist das A und O«, sagt Ingrid Osthues. Ihre Stoffe kauft sie ab Weberei und lässt Jacken, Hosen und Anzüge dann nach genauen Vorgaben anfertigen. Lieferanten sind Fabriken, die auch kleine Stückzahlen produzieren. Weil Kleidung wie eine zweite Haut sein soll, werden nur reine Naturfasern verwendet, keinerlei Polyester. »Man schwitzt darin, das Zeug nimmt Körpergerüche an.« Hochwertige Wolle hingegen sei sehr strapazierbar und langlebig.

»Wir lesen viel Literatur. Wir wollen unseren Kunden genau erklären, was für eine Ware es ist und warum wir sie benutzen.« Wichtig sei auch, dass alle Artikel nachbestellt werden könnten. »Wer sein Lieblingshemd oder die richtige Jacke gefunden hat, soll sie auch nach Jahren noch kaufen können.«

Auch in Kleinigkeiten achtet die Chefin auf Qualität, maritime Manschettenknöpfe, Reedereiabzeichen, vergoldete Uniformknöpfe greifen sich nicht ab. Die Wappen für Mützen und Jacken und die Schulterstücke stammen aus Fernost. Zum Sticken werden vergoldete Metallfäden verwendet. Jedes Stück ist Handarbeit. Auch das hat Tradition.

»Ich bin als Kind im Laden aufgewachsen. Da hat man einfach vieles mitgekriegt«, erklärt Ingrid Osthues. Auch ihre beiden Söhne spielen häufig im Laden an der Großen Johannisstraße. Wir laufen zum Rödingsmarkt und besteigen die U-Bahn. Fahrziel Barmbek. Hinaus aus der Innenstadt, in rauere Regionen. Bei der Station »Dehnhaide« steigen wir aus. Geben Sie Acht, dass Sie nicht vorbeilaufen an dem unscheinbaren Laden Weidestraße 10. Dort arbeitet Luis Merino-Arias. In Spanien geboren, doch schon längst zu einer Hamburger Institution geworden. Die feinsten Geschäfte am Jungfernstieg und Neuen Wall empfehlen ihn ihrer vornehmen Kundschaft als Zauberer in Sachen Leder. Auch die Nachbarn im Arbeiterviertel Barmbek schätzen seine Künste.

Merino macht kein Aufhebens von sich. Ladenlokal und Werkstatt sind bescheiden eingerichtet, eine eher schäbige Ladentheke, alte Regale und Schränke mit zahllosen Schubladen. Und doch ist er ein kleiner König. Ein Blick ins Branchenfernsprechbuch zeigt, es gibt kaum noch Sattler in der Stadt und so einen wie ihn schon gar nicht.

Als 14-Jähriger hat er in Madrid seine Lehre begonnen. Nach drei Jahren folgte der Militärdienst. 1963 wurde er aus der Kaserne entlassen. Er war jung und wollte die Welt kennen lernen. Über ein Anwerbebüro für Gastarbeiter bekam er einen Job als Dreher beim Kamerahersteller Leitz in Wetzlar. Er wurde angelernt und stand ein Jahr an der Drehbank. Dann wollte der unternehmungslustige Mann mehr von Deutschland sehen. Er arbeitete in Neckarsulm, in einer Zementfabrik in Stuttgart, mit einem Freund landete er schließlich in Hamburg. Wieder Drehbank, diesmal acht Jahre. Das reichte. In einem kleinen Betrieb konnte er wieder Sattler sein. Doch die Firma schloss bald. Er fand eine neue Stelle bei Leder-Schüler und war glücklich. Nach einem Jahr wurde die Werkstatt dichtgemacht, er war arbeitslos. Neuer Anfang bei Klockmann, auch das nur von kurzer Dauer. 1991 macht er sein Geschäft in der Weidestraße auf. Harte Zeiten, der Kundenstamm wächst langsam. Er lebt von Empfehlungen und bleibt seinem Motto treu: »Entweder gut oder gar nicht.« Der Chefredakteur einer Sonntagszeitung ist von Merinos handwerklichem Können so begeistert, dass er einen Reporter vorbeischickt, der den ersten Artikel über ihn schreibt. Das Fernsehen macht eine Reportage über ihn, die Hamburger Sparkasse setzt ihn für eine Kunden-Werbekampagne ein. Er freut sich darüber, aber es beeindruckt ihn nicht besonders. Er ist gleichermaßen bescheiden und selbstbewusst. Und deshalb muss er bei manchen Kunden an sich halten, die ihm vorschreiben wollen, was er wie zu machen hätte. Da ist seine Ehre als Handwerker und Spanier schwer unter Druck. Aber normalerweise ist er ein freundlicher Mann, der gern bei der Arbeit singt. An der Wand neben seinem Werktisch, an dem er mit Partnerin Brigitte Krüger arbeitet, hängen säuberlich in Lederschlaufen die Werkzeuge – Ahlen, Scheren, Stanzmeißel, Zangen, Schraubenzieher. Hinter ihm in den Regalen stehen Kästen mit Lederresten, Streifen, Dreiecke, kleinste Schnipsel jeder Art und Farbe. Zum einen ist Leder ein teurer Werkstoff, zum anderen helfen oft gerade die kleinen Stücke, ein Problem zu lösen. In Hunderten kleiner Schubfächer bewahrt Merino Schnallen, Schlösser, Scharniere, Beschläge, Rollen, Griffe, Henkel, Unterlegscheiben, Hülsen etc. auf. Wer weiß, wozu sie einmal nütze sein können.

In einer Ecke steht die schwere Sattler-Nähmaschine. Manchmal rauft er sich die Haare, wenn er sieht, wie Schuhmacher vor ihm mit Taschen oder Gürteln umgegangen sind. Weil es keine Sattler mehr gibt, versuchen die zu helfen. »Aber häufig zerstören sie mehr, als sie reparieren. Sattler nähen mit Gefühl in die vorhandenen Löcher. Denn altes Leder reißt, wenn es zerstochen wird.«

Die Kunden erwarten manchmal Wunder von ihm und brechen in Tränen aus, wenn er eine Reparatur ablehnt. »Ich soll zaubern. Aber selbst ein Künstler kann Tote nicht zum Leben erwecken.« Manchmal hilft der Hinweis, dass eine Totalkur einer ruinierten Tasche schnell 150 Euro und mehr kosten kann. Etwa bei der jungen Dame, die ihm ihre Prada-Tasche mit einem kleinen Schnitt im Leder präsentiert und schnelle, preiswerte Hilfe erwartet. Da erklärt er die umständliche Prozedur – Innenfutter lösen, Klebeversuche ohne Garantie, Innenfutter wieder vernähen – und ist froh, dass sie den Laden enttäuscht und leicht genervt wieder verlässt. Dabei macht ihm nichts mehr Spaß, als ein wertvolles Stück zu retten oder eines, das dem Besitzer ans Herz gewachsen ist. Etwa den müllreifen Aktenkoffer, den ihm ein Geschäftsmann auf den Tresen stellte – der Griff zerbrochen, Ecken ausgefranst, eine Längsseite aufgeplatzt. Ein Alptraum. Der Mann bekniete Merino, den Koffer trotz aller Bedenken noch einmal zu reparieren. »Er muss halten, bis ich in Pension gehe. Ich könnte mir ja vier neue kaufen. Aber ich kann mich nicht davon trennen, er hat mir immer Glück gebracht.« Da kapitulierte selbst Merino und machte sich ans Werk. Vom Portemonnaie über die Kroko-Handtasche bis zu den Transportkoffern für die Instrumente des NDR-Sinfonieorchesters – er repariert alles. Zu den glücklichen Momenten zählt er es, wenn ein Kunde zufrieden ist. Einer sagte zu ihm: »Das ist wirklich mein Koffer? Der ist ja wieder so schön, den erkenne ich ja gar nicht mehr.«

Zurück in die Stadt und dann mit dem Bus in Richtung Altona, über die Ost-West-Straße, eine Autopiste zum Abgewöhnen. Büroburgen, keine Geschäfte, nichts zum Verweilen, nur Stau, Hupen, Gestank, Gedrängel und Gas Geben. Allein der Blick auf den Michel, links, entschädigt. Dann sind wir auf der Reeperbahn in St. Pauli. Wenn die grellbunten Lichter verschwunden sind, befinden wir uns auf der Königstraße. Aussteigen Ecke Max-Brauer-Allee. Hier müssen Sie aufpassen, denn die Alte Königsstraße, die letzte Station unserer Rundreise, liegt etwas versteckt. »Otto Hatje Zigarrenmacher seit 1922« steht über den Schaufenster des schmalen Ladens im Haus No. 5. Daneben als Markenzeichen eine aufrecht stehende stilisierte Zigarre in Torpedoform. Im Schaufenster ein alter kathederähnlicher Arbeitstisch der Zigarrendreher, auf dem Tabakblätter liegen. Daneben eine schwarze Tafel, auf der in Kreideschrift zu lesen ist: »Tabak schnuppern! Zigarrenherstellung jeden 1. Samstag im Monat«.

Im Laden duftet es verführerisch. Ein Luftbefeuchter dampft auf dem Fußboden. An den Wänden lange Regale, gefüllt mit Zigarrenkisten. Dazu Regale, die in Fächer unterteilt sind. Darin stehen Zigarren aller möglichen Sorten, die hier auch einzeln verkauft werden. Es ist kurz nach siebzehn Uhr. Der Tagesstress ist überstanden. Der Versand abgeschlossen, alle Päckchen sind bei der Post. Inhaber Stefan Appel hat sich eine Havanna angezündet und genießt. Draußen fährt ein Auto vor. Appel guckt kurz durch die Schaufensterscheibe und geht auf die Straße. Kurz darauf ist er wieder im Laden. In der Hand hat er ein leeres Kistchen, das er mit verschiedenen Zigarren füllt. Die Wochenration eines Stammkunden – ein junger Mann, der an den Rollstuhl gefesselt ist. Spezieller Kundendienst.

Appel ist kein gelernter Zigarrenmacher, sondern Kfz-Mechaniker. Jahrelang hat er als Metallbauer Fassaden montiert und dann Fritteusen zusammengeschweißt, wie am Fließband. Er fand es schrecklich. Ein Bekannter hat ihm vorgeschlagen gemeinsam den Zigarrenladen zu übernehmen. Der war 1990 eine Mischung aus Lottoannahme, Zeitungsladen und Getränkehandel, wo eben auch Zigarren verkauft wurden. Appel schlug vor, sich ganz auf Zigarren zu konzentrieren und auch selbst wieder welche herzustellen, was früher in Altona ein blühendes Gewerbe war. Viel Ahnung hatte er anfangs nicht. Aber er hielt Augen und Ohren offen und hörte zu, was die Kunden über Zigarren erzählten. Und er las Fachbücher. Sein Ziel war sich selbständig zu machen. 1991 war es soweit. Er musste hart arbeiten, der Laden war alles andere als eine Goldgrube. Inzwischen kann er davon leben. Sein Publikum ist jünger geworden. Früher ging es ab Mitte fünfzig aufwärts, seine jüngsten Kunden sind heute Mitte zwanzig. Er ist Zigarrenexperte geworden. Es macht ihm Spaß aus dem Riesenangebot von dreitausend Importmarken neue Sorten zu entdecken, sie zu probieren und dann den einzelnen Kunden, deren Vorlieben er kennt, zu empfehlen. Sac Cigar – eine würzige, milde aus der Dominikanischen Republik, Condal – eine von den kanarischen Inseln, die an Davidoff No. 1 erinnert, La Vencedora – eine kräftige aus Nicaragua in Torpedoform. Natürlich hat er auch die Klassiker und Edelmarken wie Cohiba, Romeo y Julieta und Montecristo.

Neben Zigarren verkauft Appel Zigarrenetuis

aus Leder, Holz, Kunststoff und Metall, alle Arten von Zigarrenabschneidern und Humidore vom Schlicht- bis zum Luxusmodell. Passend im Angebot auch Sherry, Whisky, Köm und Rum. Etwa so ausgefallene Marken wie den milden, herrlich duftenden siebenjährigen »Varadero« aus Kuba. Appel veranstaltet Kurse für Zigarrenliebhaber nach Geschäftsschluss oder am Wochenende. Er wird zu Partys gebucht wie ein Zauberer. Dann nimmt er seine Arbeitsbank mit, Fülltabak und Deckblätter, und dreht Zigarren. Seine Beschäftigung mit Tabak empfindet er heute nicht mehr als Arbeit. Zu vielen Kunden hat er ein freundschaftliches Verhältnis, sie kommen zum Klönen, rauchen und treffen Freunde im Laden. »Von vielen kenne ich die privaten Geschichten. Der Laden, der Versand, die Veranstaltungen – das ist eine runde Sache für mich.« Er scheint ein wenig so zu leben, wie es auf einer Welt-Tabak-Karte gereimt nachzulesen ist, die an der Wand zum Büro hängt: »Tabak, ach ich lieb Dich sehr / Du Verscheucher aller Grillen / Allen Kummer kannst Du stillen / Keine Arbeit ist mehr schwer / Schön und göttlich ist das Leben / sieht man es durch Tabakrauch / Das Gemüt tut er beleben / Und den matten Körper auch.«

Neulich besuchte ihn eine kubanische Zigarrenmacherin. Die war begeistert von dem Laden und zeigte dem Kollegen, nachdem sie ihn beim Arbeiten beobachtet hatte, einen Trick: Sie konnte mit einem Griff das Tabakblatt entstiehlen. Den hatte er bislang immer mit dem Messer herausgeschnitten. »Man lernt eben nie aus.«

Wie alles, was vernünftig klingt, ein typisch Hamburgischer Grundsatz.